CW01116518

500 TIPS FOR GARDEN DESIGN
500 IDÉES POUR LA CONCEPTION DE JARDINS
500 TIPPS FÜR DIE GARTENGESTALTUNG
500 TIPS VOOR TUINONTWERP

© 2012 booQs publishers bvba
Nassaustraat 40-42
2000 Antwerp
Belgium
Tel.: +32 3 226 66 73
Fax: +32 3 234 12 40
www.booqs.be
info@booqs.be

ISBN: 978-94-60650-68-0
WD: D/2012/11978/05
(Q092)

Editorial coordinator:
Aitana Lleonart Triquell
Editor:
Loft Publications
Texts:
Marta Serrats
Art direction:
Mireia Casanovas Soley
Design and layout coordination:
Claudia Martínez Alonso
Cover layout:
María Eugenia Castell Carballo
Layout:
Cristina Simó Perales
Translation:
Cillero & de Motta
Cover photo:
© KETTAL

Editorial project:
LOFT publications
Via Laietana, 32, 4.º, of. 92
08003 Barcelona, Spain
Tel.: +34 932 688 088
Fax: +34 932 687 073
loft@loftpublications.com
www.loftpublications.com

Printed in India

500 TIPS FOR GARDEN DESIGN
500 IDÉES POUR LA CONCEPTION DE JARDINS
500 TIPPS FÜR DIE GARTENGESTALTUNG
500 TIPS VOOR TUINONTWERP

booQs

The garden is an extension of our homes and encourages us to relax, have fun and enjoy the open air. However, making maximum use of the space, that is choosing suitable plants and elements that create an aesthetic dialogue (furniture, lighting and accessories) requires the knowledge of a few secrets.

Dedicating space to plants is an ecological act in itself, because it creates a habitat for living organisms (plants, insects, birds, microscopic organisms). This in turn improves the microclimate of the surroundings as a result of moisture from plants, which absorb CO_2 and provide O_2. Also, from a personal point of view, vegetation aesthetically improves the garden, which makes it a pure luxury.

Currently, the abundance of gardens and urban vegetable gardens contribute to the sustainability of our cities. Organic production does not pollute or change the environment. Cultivating an edible balcony, for example, is simple and very satisfying because it provides food that has not been treated with chemicals used in conventional agriculture.

This book is a practical and useful tool to start preparing the garden, even if space is limited. For newcomers, the book offers several tips for planning the garden, providing us with a wide range of ideas for all potential outdoors spaces (terraces, porches, balconies, green roofs) and all the elements that you want to include (ponds, trails, contained areas, courtyards). It also helps us to design a harmonious ensemble with trees, plants, shrubs, vines or flower beds.

Following these good practices will help you to achieve maximum yield in the smallest space, to realize the aesthetic qualities of plants and to maintain the natural features of the landscape to produce a system that supports biodiversity, whether we live in the countryside or in the city.

Les jardins sont en le prolongement de nos maisons et nous invitent à profiter de l'extérieur avec sérénité et divertissement, même si l'exploitation maximale de l'espace, le bon choix des espèces végétales et des éléments qui instaureront un dialogue esthétique (mobilier, éclairage et accessoires) renferment quelques secrets.

L'entretien d'espaces couverts de végétation est un acte écologique. Il s'y crée en effet un habitat d'organismes vivants (plantes, insectes, oiseaux, organismes microscopiques) qui, à son tour, améliore le microclimat du milieu grâce à l'apport d'humidité des plantes qui absorbent le CO_2 et dégagent de l'oxygène. Par ailleurs, du point de vue personnel, le fait de disposer d'un espace couvert de végétation se traduit par une amélioration esthétique du jardin qui se transforme alors en pur plaisir.

Actuellement, la prolifération de jardins et de potagers urbains contribue au développement durable de nos villes. Une production la plus écologique possible ne pollue ni ne dégrade l'environnement. Cultiver des plantes comestibles sur un balcon, par exemple, est une occupation simple et très gratifiante en raison du fait qu'elle est source d'aliments non exposés aux agents chimiques de l'agriculture conventionnelle.

Cet ouvrage est un outil excellent, pratique et utile pour commencer à préparer son jardin, même lorsque l'on dispose d'un espace restreint. Pour les néophytes de cette discipline, ce livre offre également de nombreux conseils pour aménager son jardin en élargissant l'éventail des endroits extérieurs potentiels (terrasses, porches, balcons, toitures végétales) et des éléments que l'on souhaite y incorporer (bassins, sentiers, espaces retirés, cours intérieures). Par ailleurs, cet ouvrage apporte toutes les suggestions nécessaires pour concevoir un ensemble harmonieux composé d'arbres, de plantes, d'arbustes, de plantes grimpantes ou de massifs de fleurs.

Le respect de ces bonnes pratiques aidera le lecteur à tirer un maximum de profit dans un espace restreint, à exploiter les qualités esthétiques des plantes et à conserver les caractéristiques naturelles du paysage pour créer un système encourageant la biodiversité, que l'on vive à la campagne ou dans la ville.

Gärten sind die Erweiterung unserer Wohnräume und laden dazu ein, uns im Freien zu entspannen und zu vergnügen, aber um den Raum voll zu nutzen. Sie bergen aber ein paar Geheimnisse in Bezug auf die sorgfältige Wahl von Pflanzen und Elementen, die einen ästhetischen Dialog schaffen (Mobiliar, Beleuchtung und Zubehör).

Die Erhaltung von Grünzonen bedeutet einen Beitrag zur Ökologie, da ein Lebensraum für lebendige Organismen (Pflanzen, Insekten, Vögel, Mikroorganismen) geschaffen wird, die ihrerseits, dank des Beitrags zur Feuchtigkeit von Pflanzen, die CO_2 absorbieren und O_2 liefern, das Mikroklima der Umgebung verbessern. Aber auch aus persönlicher Sicht verschönert die Vegetation den Garten und verschafft uns reine Freude.

Die Zunahme von Ziergärten und städtischen Obst-und Gemüsegärten trägt zur Nachhaltigkeit unserer Städte bei. Eine Produktion, die so ökologisch wie möglich ist, kontaminiert und zerstört die Umwelt nicht. Es ist z.B. einfach und sehr befriedigend, auf einem Balkon Nahrungsmittel zu ziehen, da man so Lebensmittel erhält, die nicht den Chemikalien, die in der konventionellen Landwirtschaft verwendet werden, ausgesetzt worden sind.

Dieses Buch ist sehr gut und nützlich, wenn wir damit beginnen, einen Garten zu gestalten, selbst dann, wenn wir über wenig Platz verfügen. Für diejenigen, die erstmals in diese Praxis eingeführt werden, bietet das Buch zahlreiche Ratschläge für die Planung des Gartens und zeigt eine Palette aller möglichen Außenräume (Terrassen, Veranden, Balkone, begrünte Dächer) und aller Elemente, die wir einfügen möchten (Teiche, Pfade, versteckte Plätze, Innenhöfe). Zugleich bietet es die nötige Hilfe dafür, ein harmonisches Ensemble mit Bäumen, Pflanzen, Sträuchern, Kletterpflanzen oder Blumentöpfen zu entwerfen.

Die Befolgung dieser guten Praktiken hilft dabei, den kleinsten Raum optimal zu gestalten, die Schönheit der Pflanzen zu nutzen und die natürlichen Eigenheiten der Landschaft zur Unterstützung der biologischen Vielfalt zu erhalten, unabhängig davon, ob wir auf dem Land oder in der Stadt leben.

Tuinen veranderen in een verlengstuk van de woning en nodigen uit om in alle rust van het buitenleven te genieten. Maar om te weten hoe u de ruimte maximaal kunt benutten en welke planten en elementen (meubilair, verlichting en accessoires) u moet uitkiezen om een esthetische dialoog te krijgen zijn er wel enkele geheimen om te doorgronden.

Ruimtes inrichten met planten is een milieuvriendelijke bezigheid. Er ontstaat een habitat van levende organismes (planten, insecten, vogels, microscopische organismen) waardoor het microklimaat van de omgeving verbetert, doordat de planten vocht aanvoeren, CO_2 opnemen en O_2 afgeven. Vanuit een persoonlijk standpunt wordt een ruimte door planten esthetisch verbeterd en verandert de tuin in puur genot.

Vandaag de dag dragen de in opkomst zijnde stadstuinen en moestuinen bij aan de duurzaamheid van onze steden. Een zo milieuvriendelijk mogelijke productie vervuilt en verslechtert de omgeving niet. Het houden van een "eetbaar balkon" is bijvoorbeeld eenvoudig en erg bevredigend en maakt het mogelijk om onbespoten groenten te eten.

Dit boek is een goed, praktisch en nuttig hulpmiddel om te beginnen met de voorbereidingen voor een tuin, ook als u maar weinig ruimte heeft. Beginners in deze materie vinden in het boek talrijke tips om de tuin te ontwerpen en er wordt een waaier aan mogelijkheden geopend voor buitenruimtes (terrassen, overdekte galerijen, daken met begroeiing) en alle elementen die u daarin wilt opnemen (vijvers, paden, binnenplaatsen). Ook biedt het de nodige aanbevelingen voor het ontwerpen van een harmonieus geheel met bomen, planten, struiken, klimplanten of bloembedden.

Met deze goede tips wordt u geholpen om maximaal rendement uit een kleine ruimte te halen, om van de esthetische kwaliteiten van de planten te profiteren en om de natuurlijke kenmerken van het landschap te behouden, zodat er een systeem ontstaat waarin biodiversiteit behouden blijft, of u nu op het platteland of in de stad woont.

USES AND FUNCTIONS OF THE GARDEN

The garden as a space for contemplation

The garden as a space for leisure

Gardens and vegetable patches

The Japanese garden

Rock gardens and gardens for cold climates

USAGES ET FONCTIONS DU JARDIN

Le jardin en tant qu'espace de contemplation

Le jardin en tant qu'espace de distraction

Le jardin et la culture de légumes

Le jardin japonais

Jardins de pierres et jardins pour climats froids

ZWECKE UND FUNKTIONEN DES GARTENS

Der Garten als Raum der Kontemplation

Der Garten als Raum für Freizeitgestaltung

Garten und Gemüseanbau

Der japanische Garten

Steingärten und Gärten für die Kälte

GEBRUIKEN EN FUNTIES VAN DE TUIN

De tuin als ruimte voor beschouwing

De tuin als ontspanningsruimte

De tuin en het verbouwen van groenten

De Japanse tuin

Steentuinen en tuinen voor koude klimaten

THE GARDEN AS A SPACE FOR CONTEMPLATION

Uses and Functions of the Garden

The garden as an imitation of the landscape is the fruit of a long story based on the direct observation and admiration of nature. The ways of conceiving the garden have evolved over the centuries, or have been inspired by gardens from the past, to become authentic spaces of contemplation for the physical and spiritual well-being.

LE JARDIN EN TANT QU'ESPACE DE CONTEMPLATION

Usages et fonctions du jardin

Le jardin en tant que calque du paysage est un produit qui possède une longue histoire reposant sur l'observation et l'admiration directe de la nature. Les manières de concevoir le jardin ont évolué avec les siècles ou se sont inspirées des jardins d'époques révolues pour se convertir en d'authentiques espaces de contemplation pour le bien-être physique et spirituel.

DER GARTEN ALS RAUM FÜR FREIZEITGESTALTUNG

Zwecke und funktionen des gartens

Der Garten als Nachahmung der Landschaft hat eine lange Geschichte die auf der Beobachtung und Bewunderung der Natur beruht. Alle unterschiedlichen Arten, den Garten zu verstehen, haben sich mit der Zeit in Gärten entwickelt, die von vergangenen Epochen inspiriert sind, authentische Orte für Kontemplation und für das körperliche und geistige Wohlbefinden.

DE TUIN ALS RUIMTE VOOR BESCHOUWING

Gebruiken en funties van de tuin

De tuin als nabootsing van het landschap kent een lange geschiedenis, gebaseerd op observatie en bewondering voor de natuur. Al deze manieren om de tuin te begrijpen hebben door de jaren heen de vorm gekregen van tuinen die geïnspireerd zijn op vroegere tijden; authentieke ruimtes om te overdenken, voor een beter lichamelijk en geestelijk welzijn.

< © Deidi von Schaewen

1

If you want to fuse the garden with the landscape, include elements, such as small trees and shrubs.

Si l'on souhaite fondre le jardin dans le paysage, des éléments typiques des lieux peuvent y être cultivés comme les arbres et arbustes autochtones.

Wenn wir den Garten mit der Landschaft verschmelzen wollen, können wir typische Elemente des Ortes wie einheimische Bäume und Sträucher einbeziehen.

Wilt u de tuin laten overvloeien in het landschap, voeg er dan elementen uit de omgeving in, zoals inheemse bomen en struiken.

2

In large gardens, plan the layout of the plants to achieve striking defined areas throughout the year.

Dans les grands jardins, il est recommandé de planifier la plantation pour obtenir différentes zones attractives tout au long de l'année.

Für große Gärten empfiehlt es sich, die Bepflanzung zu planen, so dass während des ganzen Jahres verschiedene attraktive Bereiche hervorgehoben werden.

In grote tuinen is het raadzaam om een planning te maken voor het planten, zodat er het hele jaar door verschillende zones opvallen.

3

Breaking symmetries is always good option provided that it is not in a garden with a formal, geometric layout.

Briser les symétries est une décision judicieuse à condition que le jardin ne soit pas de style formel et géométrique.

Es ist sinnvoll, Symmetrien zu unterbrechen, vorausgesetzt, dass man keinen formellen und geometrischen Garten gestalten möchte.

Het is een goed idee om de symmetrie te doorbreken, tenzij een tuin met een formele en geometrische stijl de bedoeling is.

4

Do not complicate your garden with many different species of plants.

Le jardin ne doit pas être surchargé de nombreuses espèces de plantes différentes.

Man sollte den Garten nicht mit vielen verschiedenen Pflanzenarten überladen.

Maak de tuin niet te druk met veel verschillende soorten planten.

5

Paths or concealed zones become monotonous if masses of a few species and with a simple design are planted.

Les zones de passage ou occultes sont rendues monotones lorsque de grandes étendues et peu d'espèces y sont plantées et lorsque le style y est moins élaboré.

Durchgangszonen oder wenig sichtbare Bereiche werden monoton, wenn man große Massen von wenig unterschiedlichen Arten pflanzt und das Design ist weniger ausgefeilt.

Doorgangen of stukken die niet in het zicht liggen worden monotoon als er grote massa's of weinig soorten worden geplant, en het ontwerp ziet er zo minder verzorgd uit.

© Raderschall

6

It is not always a good idea to have a dense garden because of the incompatibility of species, a shortage of space and a lack of light, water and soil nutrients.

Eine sehr dichte Bepflanzung des Gartens kann auf Grund von Unverträglichkeit der verschiedenen Pflanzenarten, Platzmangel und Mangel an Licht, Wasser und Nährstoffen im Boden schädlich sein. ein Außen-Essbereich, ist sehr wichtig.

Une densité importante de plantes dans un jardin peut être nuisible en raison de l'incompatibilité des espèces, du manque d'espace, de lumière, d'eau et de nutriments contenus dans le sol.

Als er te dicht op elkaar wordt geplant kan dat schadelijk zijn, door onverenigbaarheid tussen soorten en gebrek aan ruimte, licht, water en voedingsstoffen uit de bodem.

7

Work with the color, shape and texture of the plants.

Arbeiten Sie mit Farbe, Form und Textur der Pflanzen.

Travaillez sur la couleur, la forme et la texture des plantes.

Speel met de kleur, vorm en textuur van de planten.

8

Try to avoid mixing loud colored flowers around borders or in clumps.

Vermeiden Sie, dass die Farbzusammenstellung von Blumen in Beeten und Töpfen grell wirkt.

Évitez que l'ensemble de fleurs plantées sur les plates-bandes et massifs ne diffuse des couleurs trop stridentes.

Voorkom een schreeuwerig geheel van bloemen in bloembedden en perken door een overdaad aan kleur.

9

Do not plant isolated plants of different species if you want to achieve a vegetated area, plants groups of the same genre together.

Pour aménager un espace végétal, évitez les plantes isolées issues de différentes espèces en optant de préférence pour la formation de groupes du même type.

Um einen bewachsenen Bereich zu erhalten, vermeiden Sie vereinzelte Pflanzen verschiedener Art und entscheiden Sie sich für Gruppen derselben Sorte.

Voorkom in een begroeide ruimte afzonderlijke planten van verschillende soorten, maar kies voor groepen planten van dezelfde soort.

© Pere Planells

10

Choose plants with pleasant textures such as silvery sage, mullein, fern, mugwort, or amaranth cockscomb to be able to enjoy the sense of touch.

Pour profiter de leur toucher, choisissez des plantes à textures agréables comme la sauge argentée, la molène, les fougères, l'armoise, l'amarante ou la bellardie.

Damit man sie gern anfasst, pflanzen Sie Pflanzen mit angenehmer Textur, wie Silber-Salbei, Königskerze, Farne, Beifuß, Amarant (Fuchsschwanz) oder Brandschopf (Celosia)ein Außen-Essbereich, ist sehr wichtig.

Kies voor planten met een aangename structuur zoals zilversalie, toorts, varens, averuit, amarant of de vingerhoedskruidachtige isoplexis.

© Jon Bouchier

11

Use species with several flowering periods throughout the year.

Recherchez des espèces à floraisons échelonnées tout au long de l'année.

Suchen Sie Arten aus, die zu verschiedenen Jahreszeiten blühen.

Zoek naar soorten met trapsgewijze bloeiperiodes door het jaar heen.

© Jon Bouchier

12

Plant species with thorns and spikes away from footpaths.

Tenez les espèces à épines et aiguilles à l'écart des chemins.

Halten Sie spitze und dornige Pflanzen von den Wegen entfernt.

Plant soorten met stekels of punten niet vlakbij de paden.

© Pere Planells

13

Put evergreens next to less attractive areas of the garden or areas that you want to hide, such as a shed, a compost pile or an exterior view.

Placez des arbres à feuilles persistantes à proximité de zones peu attrayantes du jardin ou de zones que vous souhaitez dissimuler (abri, tas de compost ou vue sur l'extérieur).

Pflanzen Sie immergrüne Bäume an wenig attraktiven Bereichen des Gartens oder an Stellen, die Sie verstecken möchten, wie einen Schuppen, einen Komposthaufen oder eine Aussicht nach drausen.

Plant bomen met altijdgroene bladeren in de buurt van minder aantrekkelijke stukken van de tuin of plekken die u aan het zicht wilt onttrekken, zoals een overkapping, een composthoop of een bepaald uitzicht.

© Pere Planells

14

Plants with exuberant foliage and evergreen shrubs are attractive all year long.

Les plantes au feuillage exubérant ainsi que les arbustes à feuilles persistantes sont captivants à toute époque de l'année.

Pflanzen mit üppigem Blattwerk und immergrüne Sträucher sind das ganze Jahr über attraktiv.

Planten met uitbundig gebladerte en struiken met altijdgroene bladeren zijn het hele jaar door mooi.

© Raderschall

15

A harmonious garden will reflect the changing seasons with color and flowering.

Un jardin harmonieux reflétera le changement des saisons avec sa couleur et floraison.

Ein harmonischer Garten reflektiert den Wechsel der Jahreszeiten mit seinen Farben und Blüten.

In een harmonieuze tuin wordt het wisselen van de seizoenen weerspiegeld met kleur en bloei.

© Pere Planell

16

Create rhythm combining high and low plants, rounded species with other angles, or different colors. This will prevent monotony in the garden.

Donnez du rythme en combinant plantes hautes et plantes basses, espèces aux formes arrondies et espèces aux formes anguleuses ou espèces de différentes couleurs. Vous éviterez ainsi la monotonie du jardin.

Schaffen Sie Rhythmus durch die Kombination von hohen und niedrigen Pflanzen, runden und kantigen Arten oder mit verschiedenen Farben. Damit vermeiden Sie Monotonie im Garten.

Creëer een cadans door hoge en lage planten, soorten met ronde en met hoekige vormen of met verschillend kleuren met elkaar te combineren. Daarmee voorkomt u monotonie in de tuin.

—

© Pere Planells

17

Try to give your garden a personal touch with an individual style and a unique appearance.

Essayez de donner à votre une jardin une touche personnelle, un style caractéristique et un air différent.

Sorgen Sie dafür, dass Ihr Garten durch einen individuellen Stil und ein besonders Flair ihre persönliche Prägung erhält.

Probeer uw tuin een unieke sfeer te geven met een gepersonaliseerde stijl en een eigen entourage.

—

© Montse Garriga

18

Curved lines make small gardens seem much larger than they really are.

Durch geschwungene Linien erscheinen kleine Gärten viel größer als sie in Wirklichkeit sind.

Les lignes courbes permettent aux petits jardins de sembler plus grands que ce qu'ils sont réellement.

Door gebogen lijnen lijken kleine tuinen veel groter dan ze in werkelijkheid zijn.

19

Choose low-maintenance hedges so that they can grow freely and develop their flowers and fruit without much need for cutting.

Optez pour des haies ne nécessitant que peu d'entretien en les laissant pousser librement de manière à ce qu'elles produisent leurs fleurs et leurs fruits sans avoir à les tailler.

Wählen Sie Hecken, die wenig Wartung erfordern und lassen Sie sie frei wachsen, so dass sie Blüten und Früchte tragen, ohne dass man sie beschneiden muss.

Kies voor onderhoudsvriendelijke hagen en laat ze vrijuit groeien, zodat ze hun bloemen en vruchten tot ontwikkeling kunnen brengen, zonder dat snoeien nodig is.

© Jon Bouchier

20

A pergola always provides shade, especially if it is covered with vines.

Une pergola génère toujours de l'ombre, surtout lorsqu'elle est recouverte de plantes grimpantes.

Eine Pergola spendet immer Schatten, vor allem, wenn sie von Kletterpflanzen bedeckt ist.

Een pergola geeft altijd schaduw, vooral als hij begroeid is met klimplanten.

© Pere Planells

21

Attract birds with water or drinking fountains.

Attirez les oiseaux en plaçant des bacs à eau ou de petits abreuvoirs.

Locken Sie Vögel mit Vogelbädern oder Vogeltränken an.

Probeer vogels te lokken met waterfonteintjes of drinkbakjes.

© Pere Planells

22

Main paths should be wide so that people can pass by easily. Secondary pathways can be narrower.

Les chemins principaux doivent être suffisamment larges pour faciliter l'accès. Les chemins secondaires peuvent quant à eux être plus étroits.

Die Hauptwege sollten breit sein, um den Durchgang zu erleichtern. Die Nebenwege dürfen schmaler sein.

De hoofdpaden moeten ruim zijn, om doorgang mogelijk te maken. Secundaire paden mogen wat smaller zijn.

© Pere Planells

23

The evergreen foliage of conifers protects the garden from prevailing winds.

Plantez les conifères au niveau des zones exposées aux vents dominants pour protéger le jardin grâce à leur feuillage persistant.

Setzten Sie in windigen Bereichen Koniferen, um den Garten durch ihr immergrünes Blattwerk zu schützen.

Plaats coniferen in gedeeltes met overheersende wind, zodat ze met hun altijdgroene naalden de tuin beschutten.

24

Pathways can be lit up with easy to install low voltage systems.

Les zones de passage peuvent être éclairées avec des systèmes basse tension faciles à installer.

Die Wege können mit Schwachstromsystemen beleuchtet werden, die leicht zu installieren sind.

U kunt de paden verlichten met eenvoudig te installeren verlichtingssystemen met lage spanning.

25

It is important to be aware of the plant's flowering period and foliage type to know when they are at their best.

La connaissance des époques de floraison et du type de feuillage des plantes revêt une grande importance pour identifier les périodes durant lesquelles les espèces sont les plus voyantes.

Es ist wichtig, die Blütezeiten und die Art des Blattwerks der Pflanzen zu kennen, damit man weiß, wann sie am prächtigsten sind.

Het is belangrijk om de bloeiperiodes en het soort gebladerte van de planten te kennen, om te weten welke het kleurrijkst zijn.

© Andrea Cochran

26

Use local stones to design a rock garden with plants in the sun. They look good in a mound or on a slope.

Cherchez des pierres de la zone pour aménager un espace rocailleux entouré de plantes. Ce type de composition est idéal pour un monticule ou une pente.

Suchen Sie für einen sonnigen Steingarten Steine aus der Gegend. Sie machen sich auf einem Hügel oder einem Abhang sehr gut.

Zoek stenen uit de buurt om een rotstuintje te creëren met planten in de zon. Die zien er mooi uit op een hoopje of hellend stuk.

© Andreas von Einsiedel

THE GARDEN AS A SPACE FOR LEISURE

Uses and Functions of the Garden

When the weather is nice, we spend more time outdoors and what better than a corner in the terrace or garden to use as a relaxing dining room for the duration of the season. Swings, sandboxes, teeter-totters, children's play areas, swimming pools etc the garden can offer a variety of activities.

LE JARDIN EN TANT QU'ESPACE DE DISTRACTION

Usages et fonctions du jardin

Avec l'arrivée de la chaleur, la vie de plein air s'intensifie et il n'y a rien de tel que de disposer d'un endroit sur la terrasse ou le jardin pour y improviser un coin repas chaleureux pendant toute la saison. Balançoires, bacs à sable, balancelles, espaces de jeu pour enfants, piscines, ... le jardin offre une grande variété d'activités.

DER GARTEN ALS RAUM FÜR FREIZEITGESTALTUNG

Zwecke und funktionen des gartens

Mit der Ankunft der warmen Jahreszeit wird das Leben im Freien intensiver und es gibt nichts besseres als eine Ecke auf der Terrasse oder im Garten, um dort ein gemütliches Esszimmer zu improvisieren, so lange die Saison anhält. Mit Schaukeln, Sandkästen, Wippen, Spielplätze für die Kinder, Schwimmbecken, bietet der Garten viele Möglichkeiten für Aktivitäten aller Art.

DE TUIN ALS ONTSPANNINGSRUIMTE

Gebruiken en funties van de tuin

Met de komst van het warme seizoen wordt het buitenleven actiever en wat is er dan beter dan te beschikken over een plekje op het terras of in de tuin om een gezellige eethoek te improviseren. Schommels, zandbakken, speelzones voor de kinderen: de tuin biedt een waaier aan mogelijkheden voor activiteiten.

< © Pere Planells

27

If you plan to dine in the garden, calculate the space to place a dining table with a parasol.

Wenn Sie im Garten essen möchten, berechnen Sie den notwendigen Platz um einen Esstisch mit Sonnenschirm aufzustellen.

Si vous envisagez de déjeuner ou de dîner dans le jardin, calculez l'espace disponible pour pouvoir installer une table et un parasol.

Wilt u ook in de tuin kunnen eten, bereken dan welke ruimte nodig is voor een eettafel met parasol.

28

Some toxic plants if swallowed are poisonous such as ivy, pothos, holly, and vinca melia, among others.

Les plantes toxiques par ingestion sont le lierre, le scindapsus, le houx, le margousier et la pervenche, entre autres.

Zu den giftigen Pflanzen gehören unter anderen der Efeu, die Photospflanze, die Stechpalme, der Zedrachbaum(Melia azedarach) und die Vinca (Immergrün).

Sommige planten zijn giftig bij inname, zoals klimop, kalebas, beshulst, sering en maagdenpalm.

© Henry Wilson

29

Avoid plants with thorns or toxic plants in areas where people pass by.

Évitez les plantes à épines ou toxiques dans les zones de passage.

Vermeiden Sie dornige oder giftige Pflanzen in den Gehbereichen.

Zet geen planten met stekels of giftige planten langs de looppaden.

© Henry Wilson

30

Do not neglect a shady area. It is as important as an area with sunlight, especially when the summer months arrive.

Ne négligez aucune zone d'ombre. Elle est tout aussi importante que la lumière, surtout lorsque les mois d'été pointent le bout de leur nez.

Vergessen Sie nicht, eine Schattenzone zu schaffen. Der Schatten ist genau so wichtig wie das Licht, vor allem in den Sommermonaten.

Veronachtzaam de schaduwgedeeltes niet. Deze zijn net zo belangrijk als de zones die wel zonlicht krijgen, met name in de zomermaanden.

© Roger Casas

31

If you basically use your terrace for sunbathing and relaxing, a sofa and coffee table is suffice.

Si vous comptez avant tout utiliser votre terrasse pour prendre le soleil et vous reposer, un canapé et une table centrale seront suffisants.

Wenn Sie Ihre Terrasse hauptsächlich zum Sonnenbaden und Ausruhen benutzen, genügen ein Sofa und ein Couchtisch.

Als u het terras voornamelijk gaat gebruiken om te zonnen en uit te rusten, zijn een bank en een tafel voldoende.

© Tim Street-Porter

32

Leave the living areas clear so that they seem visually spacious.

Veillez à ce que les zones de vie soient dégagées pour que les espaces fassent preuve d'une amplitude visuelle.

Denken Sie daran, die Aufenthaltsbereiche nicht zu überfüllen, damit sie weiträumig wirken.

Denk eraan om in de leefgedeeltes voldoende plaats vrij te laten, zodat ze visueel groter lijken.

©Joan Roig

33

Do not place a large table in a small space. There are folding or expandable tables that will make room for your guests in a hassle free and smooth manner.

N'installez pas une grande table dans un espace aux dimensions réduites. Il existe des modèles pliables ou des tables à rallonge qui vous permettront d'installer le nombre d'invités nécessaire sans aucun problème et sans perte de confort.

Stellen Sie keinen großen Tisch auf einem kleinen Platz auf. Es gibt Klapp- oder Ausziehtische, die problemlos und bequem allen Ihren Tischgenossen Platz bieten,

Plaats geen grote tafel in een kleine ruimte. Er zijn inklapbare of uitschuifbare tafels verkrijgbaar, zodat u de tafel probleemloos en comfortabel kunt aanpassen aan het aantal gasten.

© Jordi Miralles

34

If there are children remember to reserve an area with sand, which can be renewed periodically, and avoid abrasive floor materials.

Wenn es Kinder gibt, denken Sie daran, einen Bereich mit Sand, der regelmäßig erneuert werden kann, frei zu lassen und vermeiden Sie raue Bodenbeläge.

En cas de présence d'enfants, n'oubliez pas de laisser une zone de sable, pouvant être renouvelée régulièrement, et évitez les revêtements de sol abrasifs.

Zijn er kinderen, houd dan een stukje in de bestrating open voor een zandbak, waarin u regelmatig het zand kunt vervangen, en voorkom schurende tegels.

ARBORÈTUM © Jordi Jové

35

In the children's play areas, do not plant toxic plants.

Vermeiden Sie an Orten, an denen Kinder spielen, Pflanzen mit giftigen Blättern oder Früchten.

Dans les zones de jeu pour enfants, évitez les plantes toxiques par ingestion de leurs feuilles ou de leurs fruits.

Plant in speelruimtes voor kinderen geen planten met giftige bladeren of vruchten.

© Shutterstock / scphoto60

36

To play outdoors, wood is the best material for the toys. If they are made of plastic they must be resistant to UV rays.

Pour s'amuser à l'extérieur, les jouets les mieux adaptés sont les jouets en bois. S'ils sont en plastique, ils doivent pouvoir résister aux rayons UVA.

Für das Spielen im Freien ist Holz das beste Spielzeugmaterial. Wenn das Spielzeug aus Kunststoff ist, sollte es UV-Strahlen-fest sein.

Het beste materiaal om mee buiten te spelen is hout. Als het speelgoed van plastic is, moet dat bestand zijn tegen UV-stralen.

37

Organize an area with grass, a sand pit, slides and other games.

L'espace peut être pourvu d'une zone de gazon, d'un bac à sable, de toboggans et de tout autre type de jeux.

Man kann einen Rasen anlegen, einen Sandkasten, Rutschbahnen und weitere Spielgeräte aufstellen.

U kunt een stuk vrijhouden voor gazon of een zandbak, glijbaan of andere speeltoestellen plaatsen.

38

If you plant small trees, children can learn to walk clinging to the branches.

Wenn Sie kleine Bäume pflanzen, können kleine Kinder laufen lernen, indem sie sich an den Ästen festhalten.

Si vous plantez de petits arbres, les enfants pourront commencer à marcher en s'agrippant aux branches.

Als u kleine bomen plant, kunnen kinderen hun eerste stapjes zetten door zich aan de takken vast te houden.

The pool, which must always be under adult supervision, can be used to play water-based games.

Dans la piscine et toujours sous la surveillance d'un adulte, il est possible d'organiser des jeux aquatiques pour le barbotage.

Im Schwimmbecken können sie – immer unter Aufsicht eines Erwachsenen - im Wasser spielen und plantschen.

Het zwembad is een heerlijke plaats voor kinderen om waterspelletjes te doen, uiteraard altijd onder toezicht van een volwassene.

40

Make sure the play area is visible from inside the house.

Placez la zone de jeux dans un endroit visible depuis l'intérieur de la maison.

Richten Sie den Spielplatz an einer Stelle ein, die vom Haus aus eingesehen werden kann.

Plan de speelzone op een plaats die van binnenuit zichtbaar is.

© Sharia Snegedyn

41

Install a pergola with tables and a special waterproof mattress for the outdoors.

Installez une pergola équipée de tables et d'un matelas imperméable spécialement conçu pour résister aux intempéries.

Stellen Sie eine Pergola auf mit Tischen und einer geeigneten wasserdichten Matratze.

Plaats een pergola met tafels en een speciaal voor buiten bestemd waterdicht matras.

© Ricardo Labougle

42

Ponds or fountains with fish, plants, turtles and ducks will be a magnet for children.

Les bassins ou es fontaines à poissons, plantes, tortues ou canards constitueront des points d'attraction pour les plus petits.

Teiche oder Brunnen mit Fischen, Pflanzen, Schildkröten oder Enten sind Anziehungspunkte für die Kleinsten.

Vijvers of fonteinen met vissen, planten, schildpadden of eenden kunnen heel aantrekkelijk zijn voor kinderen.

43

Place a wigwam in the garden for children to play with.

Montez une tente d'indien dans le jardin afin que les enfants puissent s'amuser.

Errichten Sie im Garten ein Indianerzelt damit die Kinder Zelten spielen können.

Zet een indianentent in de tuin waarin de kinderen naar hartelust kunnen spelen.

44

Create a chill out zone between the pool and an area of pine trees. You will achieve a magical spot to relax in the heart of the garden.

Créez un espace *chill out* entre la piscine et une zone de pins. Vous obtiendrez ainsi un endroit magique conçu pour la relaxation au cœur du jardin.

Schaffen Sie einen *chill out*-Bereich zwischen Schwimmbecken und Nadelbäumen. So erhalten Sie im Herzen des Gartens einen magischen Winkel zum entspannen.

Creëer een *chill out*-plek tussen het zwembad en een zone met pijnbomen. Zo krijgt u een magisch hoekje om te relaxen in het hart van de tuin.

© Jordi Miralles

For children with allergies avoid planting trees such as olive, cedar, poplar or oak.

En cas de présence d'enfants allergiques, évitez les arbres comme les oliviers, les cèdres, les peupliers noirs ou les chênes verts.

Wenn die Kinder Allergien haben, vermeiden Sie Pflanzen wie Olivenbäume, Zedern, Pappeln oder Steineichen.

Zijn er allergische kinderen, vermijd dan planten zoals olijfbomen, ceders, populieren of steeneiken.

46

Aim to achieve an independent and open place to relax in the night breeze or the morning sun.

Aménagez un espace indépendant et ouvert pour pouvoir vous relaxer avec la brise nocturne ou le soleil matinal.

Schaffen Sie einen unabhängigen, offenen Bereich um in der Nachtbrise oder der Morgensonne zu entspannen.

Zorg voor een onafhankelijke en open plaats om te relaxen in een avondbriesje of in de morgenzon.

© Bruno Heibling

47

Have pillows and blankets on the floor to keep warm in a cool night breeze.

Placez des oreillers sur le sol et des couvertures pour éviter la fraîcheur de la nuit.

Legen Sie Kissen und Decken gegen die Nachtkühle auf den Boden.

Leg kussens op de grond en zorg voor dekens als het 's avonds frisser wordt.

ARBORÈT JM © Jordi Jové

48

Install a platform with one or two steps on the floor. It can be an ideal place to design a chill out space that can be used by adults and children alike.

Installez un caillebotis surélevé (une ou deux marches). Cet endroit peut s'avérer idéal pour y aménager un espace *chill out* pouvant être utilisé par petits et grands.

Installieren Sie ein Podest mit einer oder zwei Stufen auf dem Boden. Dies kann ein idealer *chill out*-Platz werden, der von Klein und Groß genutzt werden kann.

Installeer een platform van een of twee treden boven de grond. Dit kan een ideale plaats zijn om een *chill out*-zone in te richten, die door klein en groot gebruikt kan.

© R & R Hackl, Landshut

49

Opt for furniture made with light materials, which are easy to transport, so you can change their location at any time.

Portez votre choix sur des meubles en matériaux légers faciles à transporter, de sorte que vous puissiez modifier leur agencement à tout moment.

Wählen Sie einfach transportierbare Möbel aus leichten Materialien aus, so dass Sie deren Standort jederzeit ändern können.

Kies voor meubilair van lichte en goed vervoerbare materialen, zodat u ze op ieder gewenst moment van plaats kunt veranderen.

© KETTAL

50

Plant roses, blackberries or cactus away from the play areas.

Pflanzen Sie dornige oder stachlige Pflanzen wie Rosenstöcke, Brombeeren oder Kakteen weit weg von den Spielplätzen.

Cultivez les plantes à épines comme les rosiers, les mûriers ou les cactus à l'écart des zones de distraction.

Plaats planten met stekels, zoals rozen, braamstruiken of cactussen, uit de buurt van relaxzones.

© Montse Garriga

If you're looking for uniformity, there are companies that offer the entire collection with armchairs, sofas, coffee tables, dining tables and pergolas.

Si vous recherchez une uniformité, certaines marques proposent des collections complètes avec fauteuils, canapés, tables auxiliaires, tables pour zone repas et pergolas.

Wenn Sie Einheitlichkeit mögen, gibt es Firmen, die eine ganze Kollektion von Sesseln, Sofas, Beistelltischen, Esstischen und Pergolas anbieten.

Wilt u uniformiteit, dan zijn er firma's die complete collecties aanbieden, met leunstoelen, divans, bijzettafels, eettafels en pergola's.

ARBORÈTUM © Jordi Jové

52

Hang a hammock to rest. You can place it between two trees to enjoy shade on a hot day.

Installez un hamac dans un endroit où vous reposer. Vous pouvez le placer entre deux arbres pour bénéficier d'une ombre agréable un jour de chaleur.

Bringen Sie eine Hängematte zum Ausruhen an. Sie können Sie zwischen zwei Bäumen aufhängen, damit Sie an einem heißen Tag über einen angenehmen Schattenplatz verfügen.

Plaats een hangmat om in uit te rusten. U kunt deze tussen twee bomen hangen, zodat u op een warme dag van de schaduw kunt genieten.

© Alberto Burckhardt, Beatriz Santo Domingo

53

Choose functional furnishings. There are many sophisticated alternatives. Choose the one that best suits your garden.

Optez pour du mobilier fonctionnel. Il existe des alternatives très sophistiquées. Choisissez celle qui s'adapte le mieux à votre jardin.

Wählen sie funktionelle Möbel. Es gibt sehr raffinierte Möglichkeiten. Wählen Sie diejenigen aus, die am besten zu Ihrem Garten passen.

Kies voor functioneel meubilair. Er zijn verfijnde alternatieven: zoek dus meubelen die het beste passen in uw tuin.

© Ricardo Labougle

54

Hang a bamboo tube mobile so that it gently sounds as it is rocked by the wind.

Vous pouvez suspendre un mobile en tubes de bambou afin qu'un tintement léger et relaxant retentisse sous l'effet du vent.

Sie können ein Mobile mit Bambusrohren aufhängen, so dass ein leises, entspannendes Klingeln ertönt, wenn es sich im Wind bewegt.

U kunt een windmobiel van bamboe ophangen, die zacht klingelt in de wind.

© Deidi von Schaewen

55

Attract birds by installing a birdbath.

Attirez les oiseaux en installant un abreuvoir.

Stellen Sie eine Vogeltränke auf, um die Vögel anzulocken.

Lok vogels met een vogeldrinkbakje.

© Deidi von Schaewen

Place cushions on the chairs for comfort. Pouffes are an alternative when you have guests and there are no more seats available.

Placez des oreillers sur les chaises pour améliorer le confort. Des poufs au sol constituent une alternative lorsque vous recevez des invités et qu'aucune chaise n'est disponible.

Legen Sie für mehr Bequemlichkeit Kissen auf die Stühle. Ein paar Puffs auf dem Boden sind eine Alternative wenn Sie Gäste haben und nicht genug Stühle vorhanden sind.

Leg kussens op de stoelen voor meer comfort. Poefs op de grond zijn een goed alternatief als u bezoek heeft en er geen stoelen meer beschikbaar zijn.

GARDENS AND VEGETABLE PATCHES

Uses and Functions of the Garden

Crops range from an urban garden to grow vegetables for home consumption to the cultivation of aromatic plants, which are much easier to maintain. There is also a wide range of local and wild species, covering all possibilities of shapes, textures, sizes, colors, climates and soils.

LE JARDIN ET LA CULTURE DE LÉGUMES

Usages et fonctions du jardin

Les cultures vont des légumes plantés dans un potager urbain destinés à la consommation personnelle aux plantes aromatiques beaucoup plus faciles à entretenir. Il existe également une large variété d'espèces autochtones et sauvages qui couvrent toutes les possibilités de formes, de textures, d'apparences, de couleurs, de climats et de sols.

GARTEN UND GEMÜSEANBAU

Zwecke und funktionen des gartens

Die Pflanzungen können von einem Kleingarten zum Anbau von Gemüse für den Eigenverbrauch bis zur viel pflegleichteren Kräuterzucht reichen. Es gibt auch sehr viele verschiedene einheimische und wilde Arten, die alle Erfordernisse in Bezug auf Form, Konsistenz, Haltung, Farbe, Klima und Boden abdecken.

DE TUIN EN HET VERBOUWEN VAN GROENTEN

Gebruiken en funties van de tuin

Een stadstuin waarin eigen groenten worden verbouwd, of een balkon waarop men aromatische kruiden kweekt, die veel eenvoudiger te verzorgen zijn... Er bestaat een ruime keuze aan inheemse en verwilderde soorten die tegemoet komen aan alle behoeften op het gebied van vormen, texturen, kleuren, klimaat en grond.

< © Tim Street-Porter

To save water, choose drought-resistant species such as cactus or succulent plants. They are not only easily maintained, they do not have to be watered often as they survive on rain water.

Pour économiser l'eau, il est conseillé de choisir des espèces qui résistent à la sécheresse comme les cactus ou les crassulacées. Outre le fait d'être facile à entretenir, ces plantes ne requièrent que très peu d'arrosage en raison du fait qu'elles vivent grâce à l'eau de pluie.

Zum Wassersparen wählen Sie Arten, die Trockenheit vertragen wie Kakteen oder Sukkulenten. Sie sind einfach zu pflegen und man muss sie weniger gießen, weil sie vom Regenwasser leben.

Kies, om water te besparen, voor soorten die goed tegen droogte kunnen, zoals cactussen of vetplanten. Behalve dat ze eenvoudig in het onderhoud zijn, hebben ze minder water nodig, omdat ze leven op regenwater.

58

To avoid problems with pests and diseases, opt for a small urban garden and crop diversity.

Pour éviter les problèmes d'insectes et de maladies, optez pour un verger urbain de petites dimensions et pour la diversité de cultures.

Um Insektenbefall und Krankheiten zu vermeiden, legen Sie einen kleinen Gemüsegarten mit vielfältigen Anbausorten an.

Om problemen met plagen en ziektes te voorkomen is het raadzaam om te kiezen voor een stadstuin met kleine afmetingen en voor een verscheidenheid aan gewassen.

—

© Andreas von Einsiedel

59

Excess water rots the roots of plants.

L'excès d'eau pourrit les racines des plantes.

Zu viel Wasser lässt die Wurzeln der Pflanzen verfaulen.

Door een teveel aan water kunnen de wortels van de planten verrotten.

—

© Deidi von Schaewen

Some seasonal flowers can be grown in a nursery or directly in their final place in the garden. Some flowers are too delicate to sow them directly outdoors, so they should be planted in boxes, trays or pots in a greenhouse protected from the cold weather.

Certaines fleurs de saison peuvent être cultivées sur des planches de semis ou directement à l'emplacement choisi dans le jardin. Certaines fleurs sont trop délicates pour être semées directement à l'extérieur et doivent donc être cultivées dans des boîtes, des bacs ou des pots protégés dans une serre pendant la saison froide.

Manche einjährige Blumen kann man in Saatbeeten oder direkt an ihrem endgültigen Platz im Garten ziehen. Manche Blumen sind zu empfindlich, um sie direkt im Freien zu säen. Deshalb sollten sie in der kalten Jahreszeit in geschützten Kästen, Fächern oder Blumentöpfen in einem Wintergarten gesät werden.

Sommige seizoensbloemen kunnen worden geteeld in een zaadbed of rechtstreeks op de definitieve plaats in de tuin. Sommige bloemen zijn te delicaat om rechtstreeks buiten te zaaien en moeten in dozen, bakken of bloempotten worden gezaaid op een beschutte plaats in een kas, tijdens de koude seizoenen.

61

Water plants in the morning or evening avoiding daylight hours.

Es empfiehlt sich, morgens oder abends und nicht in den Sonnenstunden zu gießen.

Il est recommandé d'arroser le matin ou à la tombée du jour en évitant les heures de soleil.

Het is raadzaam om 's morgens of juist 's avonds te sproeien, en niet tijdens de uren met de felste zon.

ARBORÈTUM © Jordi Jové

Avoid excessive shade as it prevents flowering.

Évitez l'excès d'ombre empêchant la floraison.

Zu viel Schatten ist zu vermeiden, da er die Blüte verhindert.

Vermijd een teveel aan schaduw; daardoor kan de bloei worden gehinderd.

63

Do not expose crops to high winds as they can get damaged, especially during the ripening period.

Les cultures ne doivent pas être exposées aux vents violents qui peuvent leur être nuisibles, surtout pendant le cycle de maturation.

Die Pflanzungen dürfen keinen starken Winden ausgesetzt sein, da sie besonders während des Reifezyklus Schaden erleiden könnten.

Stel de gewassen niet bloot aan sterke wind, omdat dat schadelijk kan zijn, met name tijdens de rijpingscyclus.

© Scott Burrows

64

Leave room for plants to fully develop according to their size.

Laissez suffisamment de place aux plantes pour qu'elles puissent se développer conformément à leur taille.

Man muss den Pflanzen Platz lassen, damit sie sich ihrer Größe entsprechend gut entwickeln.

Geef planten voldoende ruimte, zodat ze zich goed kunnen ontwikkelen, in overeenstemming met hun grootte.

© Tim Street-Porter

65

Remove all the weeds you can and dig large holes. Use organic fertilizer such as worm compost or horse manure.

Retirez toutes les mauvaises herbes que vous pouvez et creusez des trous suffisamment larges. Vous pouvez utiliser de l'engrais organique comme l'humus de ver de terre ou le fumier de cheval.

Zupfen Sie so viel Unkraut wie sie können und graben Sie tiefe Löcher. Sie können organischen Dünger wie Wurmhumus oder Pferdemist verwenden.

Verwijder alle onkruid en graaf grote gaten. U kunt organische mest zoals compost of paardenmest gebruiken.

66

To remove weeds easily, water them the day before.

Um Gestrüpp heraus zu reißen, empfiehlt es sich, am Tag vorher zu gießen.

Pour retirer facilement les mauvaises herbes, il est recommandé d'arroser la zone la veille de l'opération.

Om het onkruid er gemakkelijk uit te trekken is het raadzaam om de dag ervoor te sproeien.

67

In the case of a young tree (1 year old) do not forget to secure it to a firm prop to stabilize it and so that it remains vertical.

N'oubliez pas de fixer les jeunes arbres (1 an) à un tuteur solide afin de les guider et de les maintenir à la verticale.

Vergessen Sie nicht junge Bäume (1 Jahr) an einer festen Stütze zu befestigen, damit sie aufrecht wachsen.

Vergeet niet om jonge bomen (1 jaar) aan een stevige steun te bevestigen om ze te leiden en ervoor te zorgen dat ze rechtop blijven staan.

68

Do not neglect watering in the first year after planting as the roots are still shallow.

Ne négligez pas l'arrosage pendant la première année après la plantation en raison du fait que les racines sont encore peu profondes.

Vernachlässigen Sie während des ersten Jahres ab der Pflanzung das Bewässern nicht, da die Wurzeln noch nicht tief sind.

Sproei vooral het eerste jaar na het planten goed, omdat de bomen nog niet zo goed geworteld zijn.

69

If the plant is exposed to sun and wind, water it more frequently.

Si la plante est exposée au soleil et au vent, il y a lieu de l'arroser plus régulièrement.

Wenn die Pflanze der Sonne und dem Wind ausgesetzt ist, ist es besser, öfter zu gießen.

Als de plant aan zonlicht en wind is blootgesteld heeft hij meer water nodig.

ARBORÈTUM © Jordi Jové

70

Frequently inspect the leaves of plants to check for parasites or disease.

Examinez fréquemment les feuilles des plantes pour vous assurez de l'absence d'éventuels parasites ou de maladie quelconque.

Untersuchen Sie regelmäßig die Blätter der Pflanzen auf mögliche Parasiten oder Krankheiten.

Controleer de bladeren van de planten regelmatig op mogelijke parasieten of ziekten.

ARBORÈTUM © Jordi Jové

71

Look out for common pests such as aphids, mealybug and whitefly.

Prêtez une attention particulière aux insectes les plus courants comme le puceron, la cochenille et la mouche blanche.

Achten Sie auf die häufigsten Schädlinge wie Blattlaus, Schildlaus und weiße Fliege.

Let met name op de meest voorkomende plagen zoals bladluis, cochenille en witte luis.

ARBORÈTUM © Jordi Jové

The tips of buds of seasonal plants that are quite sparse should be trimmed slightly so that they grow denser on the sides and produce more flowers.

Coupez légèrement les pointes des jeunes pousses des plantes de saison qui présentent une faible densité pour faire en sorte qu'elles se développent sur les côtés et qu'elles fleurissent davantage.

Die Sprossenspitzen der einjährigen Pflanzen, die wenig dicht aussehen, sollten leicht gekürzt werden, damit sie sich an den Seiten entwickeln und mehr Blüten produzieren.

Knip van de scheuten van seizoensplanten die te veel uitlopen de punten een beetje bij, zodat ze meer naar de zijkanten gaan groeien en meer bloemen krijgen

ARBORÈTUM © Jordi Jové

In winter, trees, shrubs and roses should be pruned and their maintenance should not be neglected.

Il est conseillé de tailler les arbres, les arbustes, les plantes grimpantes et les rosiers en hiver sans négliger leur entretien.

Es ist ratsam, Bäume, Sträucher, Kletterpflanzen und Rosenstöcke im Winter zu beschneiden, ohne ihre Wartung zu vernachlässigen.

Het is raadzaam om bomen, struiken, klimplanten en rozenstruiken in de winter te snoeien, zonder echter het onderhoud uit het oog te verliezen.

ARBORÈTUM © Jordi Jové

Choose fast-growing plants. You'll reap the benefits faster.

Préférez des plantes à croissance rapide. Vous obtiendrez des résultats dans des délais plus courts.

Wählen Sie schnell wachsende Pflanzen. So erhalten Sie deren Erträge schneller.

Kies voor snel groeiende planten. Daarmee krijgt u sneller resultaten.

ARBORÈTUM © Jordi Jové

75

Be careful with invasive type climbers because they could cover other crops.

Man sollte mit wuchernden Rankenpflanzen vorsichtig sein, weil diese die übrigen Pflanzungen bedecken könnten.

© Pere Planells

Prêtez une attention particulière aux plantes grimpantes envahissantes, ces dernières peuvent en effet recouvrir le reste des cultures.

Wees voorzichtig met invasieve klimplanten: zij zouden de overige plannen kunnen verstikken.

© Pere Planells

76

Capture any beetles, caterpillars, worms and snails by hand that can harm the crops. Avoid the use of insecticides and fungicides.

Sammeln Sie Käfer, Raupen, Würmer und Schnecken, die für die Pflanzungen schädlich sein können, mit der Hand ein. Vermeiden Sie Insektizide und Fungizide.

© Pere Planells

Retirez à la main les scarabées, les chenilles, les vers et les escargots nuisibles aux cultures. Évitez l'utilisation d'insecticides et de fongicides.

Verwijder kevers, rupsen, wormen en slakken handmatig, omdat deze schadelijk kunnen zijn voor de gewassen. Vermijd het gebruik van insecticide en fungicide.

If the soil is shallow and the subsoil is hard, add approximately a 4 inch layer of soil.

Si le sol exploitable pour la culture est peu profond et que le sous-sol est dur, il est possible d'ajouter une couche de terre d'environ 10 cm.

Wenn der Boden für den Anbau nicht tief ist und einen harten Unterboden hat, kann man eine Erdschicht von ungefähr 10 cm aufbringen.

Als de teelaarde ondiep is en de ondergrond hard is, kunt u er een laag aarde van ongeveer 10 cm bovenop doen.

© Shutterstock/Zocchi

78

Good planning can result in crop diversity for food, oil, liquor, perfume and maximize their benefits for medicinal use.

Si la diversité des cultures est correctement planifiée, vous pourrez obtenir des aliments, des huiles, des liqueurs ainsi que des parfums et profiter de leurs bienfaits médicinaux.

Wenn Sie die Vielfalt der Pflanzungen gut planen, können Sie Nahrungsmittel, Öl, Likör und Parfüm bekommen und deren nützliche Eigenschaften zu medizinischen Zwecken verwenden.

Als u de diversiteit van de gewassen goed organiseert kunt u voedsel, olie, likeur, parfum krijgen en genieten van de eigenschappen voor medicinaal gebruik.

THE JAPANESE GARDEN

Uses and Functions of the Garden

The Japanese garden is an enclosed garden which seeks to isolate the outside, as if it were a world apart. The objective is to seek serenity and calm. To get the most out of nature, in the Japanese garden everything flows freely and harmoniously. In a Japanese garden you are assured a spiritual retreat.

LE JARDIN JAPONAIS

Usages et fonctions du jardin

Le jardin japonais est un jardin clos qui vise l'isolement par rapport à l'extérieur, comme s'il s'agissait d'un monde à part. L'objectif réside dans la recherche de la sérénité et du calme. Pour tirer un maximum de profit de la nature, le jardin japonais se caractérise par la présence d'éléments qui s'écoulent en totale liberté et en parfaite harmonie. Ces espaces garantissent le recueillement spirituel.

DER JAPANISCHE GARTEN

Zwecke und funktionen des gartens

Der japanische Garten ist ein geschlossener Garten, der sich von der Außenwelt abgegrenzt, als ob es sich um eine eigene Welt handeln würde. Der Zweck ist die Suche nach Gelassenheit und Ruhe. Um die Natur im Höchstmaß zu nutzen, ist in einem japanischen Garten alles auf harmonische Weise fließend. In diesen Gärten ist die spirituelle innere Sammlung garantiert.

DE JAPANSE TUIN

Gebruiken en funties van de tuin

De Japanse tuin is een besloten tuin waarin gestreefd wordt naar afzondering van de buitenwereld, alsof het om een aparte wereld gaat. Doelstelling is de zoektocht naar rust en kalmte.
Om zo veel mogelijk van de natuur te profiteren vloeit in de Japanse tuin alles vrij en harmonieus in elkaar over en is men verzekerd van spirituele ingetogenheid.

79

Wood takes center stage in these gardens with teak or rattan gazebos accompanied by other complements.

Le bois occupe une place de choix dans ces jardins décorés de tonnelles en teck aménagées de mobilier fabriqué dans le même matériau ou en rotin.

Holz spielt eine zentrale Rolle in diesen Gärten mit Teak-Pavillons und Mobiliar aus demselben Material oder aus Rattan.

Hout neemt in deze tuinen een centrale plaats in, met prieeltjes van teakhout, gecombineerd met meubilair van hetzelfde materiaal of van riet.

80

Stones are the framework from which Japanese gardens are structured.

Les pierres sont la colonne vertébrale autour de laquelle les jardins japonais sont structurés.

Steine bilden die Grundstruktur, von der aus sich die japanischen Gärten entwickeln.

Stenen vormen het skelet van waaruit de Japanse tuinen worden gestructureerd.

81

Stone or carved wood statues representing gods are perfect for lush green gardens.

Les jardins à végétation luxuriante peuvent être agrémentés de statues de pierre ou de bois taillées à l'effigie de divinités.

Gärten mit üppiger Vegetation kann man mit Götterstatuen aus Stein oder Holz dekorieren.

Tuinen met een bladerrijke begroeiing kunnen compleet worden gemaakt met stenen of houten beelden die godheden voorstellen.

82

Zen gardens are sober and abstract. You should not complicate them.

Zen-Gärten sind nüchtern und abstrakt. Man darf sie nicht überladen.

Les jardins zen sont sobres et abstraits. Ils ne doivent pas être surchargés.

Zen-tuinen zijn sober en abstract. Zet ze niet te vol.

83

Only natural items should be used in Zen gardens.

Man sollte keine Elemente einfügen, die sich nicht in der Natur befinden.

Il convient de ne pas y incorporer d'éléments introuvables dans la nature.

Vermijd bij voorkeur elementen die niet afkomstig zijn uit de natuur.

84

Create areas of relaxation and rest in a shady corner near water; use items such as benches or hammocks.

Créez des zones de détente et de repos dans un coin ombragé, à côté de l'eau ou dans des endroits aménagés d'éléments de relaxation comme des bancs ou des hamacs.

Schaffen Sie Entspannungs- und Ruhezonen in einer Schattenecke, beim Wasser, an Stellen, an denen man Bänke oder Liegen zur Entspannung und Ruhe aufstellen kann.

Creëer rustige hoekjes met schaduw, in de buurt van het water. Op deze plekjes kunt u bijvoorbeeld een bank of hangmat plaatsen, om uit te rusten.

85

The Japanese garden is an enclosed garden. Try to separate it from the outside world.

Le jardin japonais est un espace clos. Isolez-le le plus possible comme s'il s'agissait d'un monde à part.

Der japanische Garten ist ein geschlossener Garten. Schotten Sie ihn so gut wie möglich ab, als ob es sich um eine Welt für sich handeln würde.

De Japanse tuin is een gesloten tuin. Maak hem zo besloten mogelijk, als ware het een afzonderlijke wereld.

86

If the space is shut off, the garden can be as exotic as you wish, as it is independent and bears little relation to neighboring gardens.

Si l'espace est fermé, le jardin peut être exotique à souhait étant donné qu'il se développe de façon indépendante et qu'il entretient peu de relations avec les jardins voisins.

Wenn der Raum geschlossen ist, kann der Garten so exotisch sein, wie Sie möchten, da er unabhängig wirkt und wenig Verbindung zu den Nachbargärten hat.

Als de ruimte gesloten is, kan de tuin zo exotisch worden als men wil, aangezien hij afzonderlijk functioneert en bijna niet in relatie staat met de naastgelegen tuinen.

Incorporate a pond or a fountain. Water is used as a metaphor for life: a natural process that begins in the spring of the mountain, gradually accumulates energy, overcomes obstacles and at times becomes stagnated, it then continues its course towards the valley and finally dilutes into the calm of the ocean.

Incorporez un bassin ou une fontaine. L'eau est utilisée comme métaphore de l'existence : un processus naturel qui jaillit de la source des montagnes, accumule de l'énergie, franchit des obstacles et stagne de temps à autre, suit son cours vers la vallée et, pour finir, se noie dans le calme de l'océan.

Legen Sie einen Teich oder einen Brunnen an. Das Wasser gilt als Metapher für die Existenz: Ein natürlicher Prozess, der mit der Quelle in den Bergen beginnt, die Energie gewinnt, Hindernisse überwindet und sich manchmal staut, ihren Weg ins Tal findet und sich am Ende in der Ruhe des Ozeans auflöst.

Overweeg om een vijver of een fontein aan te leggen. Water wordt gebruikt als metafoor van het bestaan: een natuurlijk proces dat begint in een bron op de bergen, waarin energie wordt verzameld en waardoor obstakels worden overwonnen, en dat soms stilstaat, zijn loop volgt tot aan de vallei en vervolgens uitmondt in zee.

88

Areas dedicated to relaxation should be far from areas of movement.

Les zones de repos doivent être éloignées des zones de récréation

Die Ruhezonen sollten sich von den Bereichen, in denen mehr Bewegung statt findet, entfernt befinden.

De rustgedeeltes moeten uit de buurt liggen van zones waar beweging is.

89

Set aside an area for a sandbed. Rake it to form waves, which symbolize the movement of water.

Réservez un espace pour mettre du sable. Ratissez la surface en formant des ondulations, symboles du mouvement de l'eau.

Reservieren Sie einen Bereich für Sand. Formen Sie mit dem Rechen Wellen, die die Bewegung des Wassers symbolisieren.

Reserveer een gedeelte voor zand en hark dat aan in golfvormen, die de bewegingen van het water symboliseren.

90

Carefully select rocks according to their shape. They can symbolize islands or mountains, or even represent the water, currents and waves.

Sélectionnez les roches avec soin en fonction de leur forme. Elles peuvent symboliser des îles ou des montagnes, voire représenter l'eau, les courants et les vagues.

Wählen Sie die Felsen sorgfältig nach Funktion und Form aus. Sie können Inseln oder Berge symbolisieren oder sogar Wasser, Strömungen und Wellen darstellen.

Kies rotsen zorgvuldig uit, afhankelijk van hun vorm. Rotsen kunnen een symbool zijn van eilanden of bergen, al naar gelang hun vorm, en kunnen zelfs water, stromingen of golven uitbeelden.

91

Select plants such as bamboo, Japanese black pine and maple.

Optez pour des plantes comme le bambou, le pin noir japonais ou l'érable.

Wählen Sie Pflanzen wie Bambus, japanische Schwarzkiefer und Ahorn.

Kies voor planten zoals bamboe, Japanse zwarte den en esdoorn.

Aquatic plants are exotic and produce beautiful flowers. They are a must in a pond.

Les plantes aquatiques sont exotiques et donnent des fleurs magnifiques. Un bassin se doit impérativement d'en contenir.

Wasserpflanzen sind exotisch und haben schöne Blüten. Sie dürfen in einem Teich nicht fehlen.

Waterplanten zijn exotisch en hebben prachtige bloemen; ze mogen dan ook niet ontbreken in een vijver.

© Marc Barbay

93

Some shrubs, such as jasmine, the Japanese lantern or Chinese rose are considered good conductors of *chi*.

Certains arbustes, comme le jasmin du cap, la campanule japonaise ou la rose chinoise, sont considérés comme d'excellents conducteurs du *ki*.

Einige Sträucher, wie die Gardenie, der Blasenbaum oder die China-Rose gelten als gute *chi*-Leiter.

Bepaalde struiken, zoals jasmijn, abutilon of Chinese roos worden beschouwd als goede geleiders van *chi*.

© Michael Freeman

94

Plant flowers next to a path or a rockery. Although it not always common in Japanese gardens, add a splash of color.

Plantez une fleur à côté d'un chemin ou d'une rocaille. Même si cette présence n'est pas habituelle dans les jardins japonais, elle apportera de la chaleur à l'espace.

Setzen Blume an einen Weg oder einen Felsen. Dies ist zwar in japanischen Gärten nicht üblich, bringt aber Farbe in den Garten.

Plaats bloemen in de buurt van een pad of rotsformatie. Hoewel dit niet gebruikelijk is in Japanse tuinen, voegt het wel kleur toe.

© Michael Freeman

Some of the plants characteristic of the Japanese garden are: bamboo, cotoneaster, rhododendron, azalea, ornamental vines, ferns, lilies, cherry blossoms, chrysanthemums and orchids, among others.

Les plantes caractéristiques du jardin japonais sont : le bambou, le cotonéaster, le rhododendron, l'azalée, la vigne ornementale, les fougères, les iris, les cerisiers, les chrysanthèmes, les orchidées, etc.

Einige der typischen Pflanzen des japanischen Gartens sind unter anderen Bambus, Zwergmispel, Rhododendron, Azalee, wilder Wein, Farne, Lilien, Kirschen, Chrysantemen und Orchideen.

Enkele veelgebruikte soorten in Japanse tuinen zijn onder meer: bamboe, cotoneaster, rododendron, azalea, sierdruif, varen, lis, kersenboom, chrysant en orchidee.

There is no need to prune plants and trees as it prevents them from developing their natural shape and forces them to grow in a straight line.

Les plantes et les arbres ne doivent pas être taillés, puisque cette opération les empêche de développer leurs formes naturelles et les obligent à pousser de façon rectiligne.

Pflanzen und Bäume sollten nicht beschnitten werden, da dadurch verhindert wird, dass sie ihre natürlichen Formen entwickeln und sie gezwungen werden, gerade zu wachsen.

Planten en bomen hoeven niet te worden gesnoeid, omdat zij anders belemmerd worden in het ontwikkelen van de natuurlijke vormen en geforceerd worden om in een rechte lijn te groeien.

© Bensley Design Studios

97

Bamboo is one of the most valued materials owing to its versatility.

Le bambou est l'un des matériaux les plus appréciés pour sa polyvalence.

Bambus gehört auf Grund seiner Vielseitigkeit zu den am meisten geschätzten Materialien.

Bamboe is een van de meest gewaardeerde materialen vanwege zijn veelzijdigheid.

© Clements Lutz

98

Grass is an option, but it is not a common feature. An alternative is *dichondra repens*.

Le gazon peut être présent mais n'est pas un élément habituel. Le dichondra rampant (*dichondra repens*) est une autre solution.

Rasen kommt vor, aber er findet sich nicht allzu oft. Eine Alternative ist die *dichondra repens* (Silberregen).

Japanse tuinen hebben soms gazon, maar dat komt niet vaak voor. Een alternatief is *dichondra repens*.

© Japan Landscape Consultants

ROCK GARDENS AND GARDENS FOR COLD CLIMATES

Uses and Functions of the Garden

Winter gardens are usually glazed spaces attracting the maximum light possible to contribute to a sense of well-being in cold times and allowing us to grow our plants at a higher temperature than outside. This is a good time for azaleas, conifers, ivy and honeysuckle.

JARDINS DE PIERRES ET JARDINS POUR CLIMATS FROIDS

Usages et fonctions du jardin

En règle générale, les jardins d'hiver sont des espaces vitrés aménagés de manière à fournir la plus grande luminosité possible pour conférer, en grande partie, une sensation de bien-être au cours des périodes de froid, tout en offrant la possibilité de continuer de cultiver nos plantes à des températures plus élevées qu'à l'extérieur. Cette période est une excellente époque pour les azalées, les conifères, les lierres et les chèvrefeuilles.

STEINGÄRTEN UND GÄRTEN FÜR DIE KÄLTE

Zwecke und funktionen des gartens

Bei Wintergärten handelt es sich normalerweise um verglaste Räume, die so viel Licht wie möglich einlassen, wodurch sie viel zum Wohlbefinden in den kalten Jahreszeiten beitragen und es ermöglichen, unsere Pflanzen bei höheren Temperaturen als im Freien zu züchten.
Dies ist eine gute Zeit für Azaleen, Koniferen, Efeu und Geißblatt.

STEENTUINEN EN TUINEN VOOR KOUDE KLIMATEN

Gebruiken en funties van de tuin

Wintertuinen zijn meestal beglaasde ruimtes waar men zo veel mogelijk licht naar binnen laat komen. Dit kan bijdragen aan een gevoel van welzijn in koude seizoenen en maakt het mogelijk om planten op een hogere temperatuur dan buiten te kweken.
Dit is een goede tijd voor azalea's, coniferen, klimop en kamperfoelie.

< © Jordi Miralles

99

Materials, shapes and colors should be compatible with the interior if you are looking for spatial continuity.

Les matériaux, les formes et les couleurs doivent être compatibles avec l'intérieur lorsque la continuité de l'espace est recherchée.

Materialien, Formen und Farben sollten zu den Innenräumen passen, wenn man eine räumliche Kontinuität herstellen möchte.

Materialen, vormen en kleuren moeten bij het interieur passen als men wil dat de ruimtes in elkaar overvloeien.

© Michael Moran

100

Winter gardens are a good choice for cold climates where summers are short.

Les jardins d'hiver représentent une excellente option pour les climats froids aux étés courts.

Wintergärten sind eine gute Wahl für kalte Klimazonen, in denen die Sommer kurz sind.

Wintertuinen zijn een goede optie voor koude klimaten met korte zomers.

© David Frutós

101

In these cases, a fireplace in a corner is ideal for somewhere to relax.

Dans ces cas de figure, il s'avère judicieux de disposer d'une cheminée pour aménager un coin détente.

In diesen Fällen ist es angenehm, einen Kamin für eine gemütliche Ecke zu haben, wo man sich entspannen kann.

Voor die gevallen is het goed om over een haard te beschikken om een rusthoekje in te richten.

© David Frutós

102

When arranging ornamental details consider the impact that the piece may have.

À l'heure de placer des détails ornementaux, prenez en considération l'impact pouvant être généré par chaque élément.

Wenn Sie Dekorationsgegenstände aufstellen, überlegen Sie, wie das Objekt wirken könnte.

Houd bij het aanbrengen van decoratieve details voor ogen welke impact deze kunnen veroorzaken.

© Jordi Miralles

103

Do not neglect any corner that can be used in the courtyard.

Ne gaspillez aucun recoin susceptible de se convertir en cour intérieure.

Verschwenden Sie keinen Raum, den man in einen Innenhof verwandeln kann.

Laat geen enkel hoekje onbenut dat gebruikt kan worden als binnenplaats.

© Peter Mealin / Jacob Termansen

104

Keep in mind that no place is too small to have a good resting place, even on the interior.

Denken Sie daran, dass kein Ort zu klein ist, um einen angenehmen Ruheplatz zu haben, auch wenn er sich drinnen befindet.

Gardez à l'esprit qu'aucun endroit n'est trop petit pour se convertir en une zone de repos, même lorsque cet espace est situé à l'intérieur de la maison.

Vergeet niet dat geen enkel plekje te klein is om een goede rusthoek te creëren, ook al is dat binnen.

© Gianni Basso/Vega

105

Determine where the entrances and exits are, and the most crowded places.

Il est recommandé de définir les voies d'entrée et de sortie, ainsi que les endroits les plus fréquentés.

Es ist ratsam festzulegen, wo sich die Ein- und Ausgänge und die meist benutzten Orten befinden.

Het is raadzaam om te bepalen waar zich de ingang en uitgang moeten bevinden en wat de drukste plaatsen zijn.

© Gianni Basso / Vega

106

Do not plant anything when the weather is very cold. Low temperatures are not favorable during the growing season.

Ne plantez rien au cours des époques de grand froid. Les basses températures ne sont pas favorables pendant la période de croissance.

Pflanzen Sie nichts, wenn es sehr kalt ist. Niedrige Temperaturen sind währen der Wachstumsperiode ungünstig.

Plant niet als het erg koud is. Lage temperaturen zijn niet bevorderlijk tijdens de groeiperiode.

—

© Alberto Ferrero

107

Natural stones are a good addition to the courtyard.

Les pierres naturelles constituent un excellent élément à intégrer dans la cour intérieure.

Natursteine sind für den Innenhof gut geeignet.

Natuurstenen zijn een goed element om te integreren in een binnenplaats.

—

© Shania Shegedyn

108

There are attractive winter flowering plants that can bring life to your corner when the cold kicks in.

Es gibt schöne Pflanzen, die im Winter blühen und Ihrer grünen Ecke Leben verleihen, wenn die Kälte zuschlägt.

Certaines plantes attractives à floraison hivernale peuvent redonner vie à votre espace vert lorsque le froid s'intensifie.

Er bestaan mooie planten die in de winter bloeien en uw groene hoekje levendig maken als het koud is.

© Alberto Ferrero

109

Make use of the winter garden and add natural beauty with plants that provide color.

Nutzen Sie den Wintergarten und bringen Sie mit Pflanzen, die Wärme ausstrahlen, natürliche Schönheit hinein.

Exploitez votre jardin d'hiver et ajoutez-y de la beauté naturelle à l'aide de plantes colorées.

Benut de wintertuin en voeg er natuurlijke schoonheid aan toe met kleurrijke planten.

© Alberto Ferrero

110

Figure out the best use of the available spaces and be able to enjoy their view from a window.

Schauen Sie nach verfügbaren Plätzen aus, um sie besser zu nutzen und nach denjenigen, die von einem Fenster aus eine schöne Sicht bieten.

Repérez les espaces disponibles pour les exploiter au maximum et profiter de leur vue depuis une fenêtre.

Kijk goed naar de beschikbare ruimte, zodat u deze goed kunt benutten en er vanuit het raam naar kunt kijken.

© Kei Sugino

111

Ferns are another suggestion. Bright, elegant and strong, they will grow with little light and in adequate moist conditions.

Les fougères constituent une autre suggestion. Voyantes, élégantes et fortes, elles poussent avec peu de lumière et dans des conditions d'humidité appropriées.

Eine weitere Möglichkeit stellen Farne dar. Schön, elegant und kräftig wachsen sie mit wenig Licht und in entsprechend feuchter Umgebung.

Een andere suggestie zijn varens. Opzichtig, elegant en sterk als ze zijn hebben ze maar weinig licht nodig om te groeien, hoewel de vochtomstandigheden wel goed moeten zijn.

© Michael Heinrich

112

Make use of the different shades in the green spectrum, which in winter ranges from yellow to gray-green and bluish green.

Profitez des différentes nuances présentes dans le spectre du vert qui, en hiver, s'étend du jaune jusqu'au vert grisâtre et vert bleuté.

Nutzen Sie die verschiedenen Grüntöne, die im Winter von gelblich bis zu graugrün und blaugrün reichen.

Benut de verschillende nuances die binnen het groene kleurenspectrum bestaan en die in de winter van geel tot grijs-groen en blauw-groen kunnen gaan.

© John Lewis Marshall

113

If you sow winter plants, they will add beauty and pacify the place because in winter many trees lose their leaves and deciduous shrubs only have bare branches.

Les plantes d'hiver apporteront une certaine beauté et tranquilliseront l'espace car il s'agit de la saison au cours de laquelle de nombreux arbres perdent leurs feuilles et pendant laquelle les arbustes caducifoliés ne livrent que leurs branches dénudées.

Wenn Sie winterharte Pflanzen setzen, verschönern und befrieden Sie den Ort, da in dieser Jahreszeit viele Bäume ihre Blätter abwerfen und die laubabwerfenden Sträucher nur ihre nackten Äste zeigen.

Als u voor winterplanten kiest, zullen zij schoonheid toevoegen en de ruimte rustig maken, omdat veel bomen in dit seizoen hun bladeren verliezen en de bladverliezende struiken alleen hun naakte takken laten zien.

© Gianni Basso / Vega

With the arrival of the cold weather, prepare the different species to withstand low temperatures so that they can build up reserves that in spring will be an explosion of color.

Avant l'arrivée du froid, il convient de préparer les différentes espèces afin qu'elles supportent les basses températures et emmagasinent des réserves qui, au printemps, se convertiront en une explosion de couleurs.

Bevor die Kälte kommt, sollten die verschiedenen Arten vorbereitet werden, damit sie die niedrigen Temperaturen ertragen und die Reserven ansammeln, die im Frühling zu einer Farbexplosion führen.

Zodra het kouder wordt is het raadzaam om verschillende soorten gereed te hebben die bestand zijn tegen lage temperaturen en hun reserves sparen. In de lente leidt dit tot een uitbarsting van kleur.

© Jovan Horvath

115

It is a good period for azaleas, conifers, ivy and honeysuckle.

Dies ist eine gute Zeit für Azaleen, Koniferen, Efeu und Geißblatt.

© GARDENA

Il s'agit d'une bonne période pour les azalées, les conifères, les lierres et les chèvrefeuilles.

Het is een goede periode voor azalea's, coniferen, klimplanten en kamperfoelie.

116

Indoor plants should be irrigated with water at room temperature.

Machen Sie die Erde der Zimmerpflanzen nicht zu nass und überschwemmen Sie sie nicht.

© GARDENA

Ne mouillez pas et ne détrempez pas la terre des plantes d'intérieur.

Maak de grond van de binnenplanten niet te nat en voorkom plassen.

117

Indoor plants should be irrigated with water at room temperature.

Zimmerpflanzen sollten mit Wasser von Zimmertemperatur gegossen werden.

© Shania Shegedyn

Les plantes placées à l'intérieur de la maison doivent être arrosées avec de l'eau à température ambiante.

Geef binnenplanten water op kamertemperatuur.

118

Choose succulent or cactus plants, as in general they are resistant to extreme environmental conditions.

Portez votre choix sur des crassulacées ou des cactus qui, en règle générale, sont des plantes qui résistent aux conditions environnementales.

Wählen Sie Sukkulenten oder Kakteen, Pflanzen, die in der Regel auch unter extremen Umweltbedingungen widerstandsfähig sind.

Kies voor vetplanten of cactussen, die over het algemeen bestand zijn tegen extreme weersomstandigheden.

© Peter Mealin, Jacob Termansen

As winter approaches, the use of fertilizers will be phased out and they will be provided with ample moisture but not heat as it is unnatural to trigger biological processes during the fall rest period.

À mesure que l'hiver se rapproche, supprimez les engrais et fournissez de l'humidité abondante aux plantes sans leur apporter de la chaleur. Il est en effet déconseillé d'activer les processus biologiques pendant la période de repos automnal.

Wenn der Winter kommt wird der Dünger nach und nach weggelassen und man versorgt die Pflanzen mit viel Feuchtigkeit, aber nicht mit Wärme, da es nicht zuträglich ist, wenn die biologischen Prozesse während der Herbstruhe aktiviert werden.

Naarmate de winter nadert moet de bemesting worden gestopt en moeten de planten veel vocht, maar geen warmte krijgen. Het is namelijk niet goed dat biologische processen tijdens de rustperiode in de herfst geactiveerd worden.

TIPS FOR GARDEN DESIGN

Practical ideas for space organization

Fountains and pools

Tips for designing with plants and flowers

CONSEILS POUR LA CONCEPTION DE JARDINS

Idées practiques pour l'aménagement de l'espace

Fontaines et piscines

Conseils pour décorer un jardin de plantes et de fleurs

RATSCHLÄGE FÜR DIE GARTENGESTALTUNG

Praktische Ideen für die Raumaufteilung

Brunnen und Schwimmbecken

Ratschläge für die Gestaltung mit Pflanzen und Blumen

TIPS VOOR TUINONTWERP

Praktische ideeën voor de inrichting van de ruimte

Fonteinen en zwembaden

Tips voor het ontwerpen met planten en bloemen

PRACTICAL IDEAS FOR SPACE ORGANIZATION

Tips for Garden Design

When organizing the garden you must take into account how you want to distribute the spaces, which items you want to include and the list of plant species. Good organization will bring the space alive. If the space is well organized and varied, it will attract social and relaxed gatherings.

IDÉES PRACTIQUES POUR L'AMÉNAGEMENT DE L'ESPACE

Conseils pour la conception de jardins

À l'heure d'aménager un jardin, il faut tenir compte de la façon dont les espaces doivent être distribués, de la nature des éléments à y intégrer et des espèces végétales qui peuvent y être plantées. Un bon aménagement permettra de profiter pleinement de l'espace extérieur. Si l'espace est bien structuré et varié, celui-ci sera le siège de comportements sociaux détendus.

PRAKTISCHE IDEEN FÜR DIE RAUMAUFTEILUNG

Ratschläge für die gartengestaltung

Bei der Gartenplanung muss man überlegen, wie man den Raum aufteilen will, welche Elemente und welche Art von Pflanzen er enthalten soll. Eine gute Planung macht es möglich, das Leben im Freien in vollen Zügen zu genießen. Wenn die Fläche gut und vielfältig gegliedert ist, fördert er soziale und entspannte Verhaltensweisen.

PRAKTISCHE IDEEËN VOOR DE ORGANISATIE VAN DE RUIMTE

Tips voor het tuinontwerp

Bij het inrichten van de tuin moet men bedenken hoe men de ruimte wil indelen en welke elementen en plantensoorten er in moeten komen te staan. Een goede organisatie maakt het mogelijk om optimaal van de tuin te genieten. Als de ruimte goed ingedeeld en gevarieerd is, nodigt zij uit tot ontspannen en sociale activiteiten.

< © Deidi von Schaewen

120

Accentuate a short garden by creating a sense of length; design it wider at the top and narrower at the bottom.

Um die Perspektive eines kurzen Gartens zu verstärken und ihn länger wirken zu lassen, planen Sie ihn am Anfang breiter und zum Ende hin schmaler.

Pour accentuer la perspective d'un jardin court et renforcer la sensation de longueur, aménagez-le plus large au début qu'à la fin.

Om het perspectief van een korte tuin te benadrukken en hem langer te laten lijken, kan hij aan vooraan breder worden ontworpen en smaller naar het einde toe.

ARBORÈTUM © Jordi Jové

121

To make a small space seem larger, use elements that highlight the horizontal plane.

Damit ein enger Raum weiter wirkt, richten Sie ihn mit Elementen ein, die die Horizontalität betonen.

Pour qu'un espace étroit paraisse plus large, intégrez-y des éléments qui marquent l'horizontalité du plan.

Om een smalle ruimte breder te laten lijken kunt u elementen invoegen die de nadruk leggen op de horizontaalheid van het vlak.

ARBORÈTUM © Jordi Jové

122

Avoid the use of rectilinear or dense hedges as they invade the space.

Évitez les haies rectilignes ou trop touffues, elles étouffent l'espace.

Geradlinige oder zu dichte Beete sollte man vermeiden, da sie den Raum ersticken.

Voorkom rechtlijnige of te dichte hagen, omdat die de ruimte verstikken.

ARBORÈTUM © Jordi Jové

123

There is no need to lay paths in small gardens as they are unnecessary in such a reduced space.

Ne pas aménager de chemins ni de sentiers dans les petits jardins, ces derniers traçant des passages inutiles dans toutes les directions.

Man sollte keine Wege oder Pfade in kleinen Gärten anlegen, da man in allen Richtungen Durchgänge sieht.

Leg geen paden aan in kleine tuinen, omdat er anders onnodige sporen in alle richtingen te zien zijn.

ARBORÈTUM © Jordi Jové

124

To create rhythm, choose different sizes and shapes of plants.

Um einen Rhythmus zu schaffen, wählen Sie Pflanzen von verschiedener Größe und Form aus.

Pour conférer un certain rythme, choisissez des plantes de tailles et de formes différentes.

Kies, om een ritme te creëren, voor planten die verschillend van grootte en vorm zijn.

ARBORÈTUM © Jordi Jové

125

Do not complicate the garden with unnecessary elements.

Überladen Sie den Garten nicht mit überflüssigen Elementen.

Ne surchargez pas le jardin d'éléments superflus.

Zet de tuin niet te vol met overbodige elementen.

ARBORÈTUM © Jordi Jové

126

Breaking symmetries is good option provided that it is not in a garden with a formal, geometric layout.

Es ist empfehlenswert, starre Symmetrien zu unterbrechen, vorausgesetzt, dass man keinen geometrisch angelegten Garten wünscht.

Il est recommandé de briser les symétries rigides, à condition qu'un jardin de style géométrique ne soit pas recherché.

Het is raadzaam om een strakke symmetrie te doorbreken, tenzij men een tuin met een geometrische stijl voor ogen heeft.

ARBORÈTUM © Jordi Jové

127

Mark the distribution of the different uses of the garden on the plan: dining room, sitting area, relaxation area, swimming pool, and playground. In this way, you can establish what the most suitable plants are according to the functionality of space.

Marquez sur un plan la distribution des différents usages du jardin : zone de repas, zone de vie, zone de détente, piscine et zone de récréation. Vous pourrez ainsi définir les plantes les plus indiquées en fonction de la fonctionnalité de l'espace.

Zeichnen Sie einen Verteilungsplan der verschiedenen Verwendungszwecke des Gartens: Essbereich, Aufenthaltsbereich, Ruhebereich, Schwimmbecken, Spielbereich. Auf diese Weise können Sie festlegen, welche Pflanzen je nach Funktion des Platzes am geeignetsten sind.

Geef op een plattegrond de indeling van de verschillende zones van de tuin aan: eethoek, zithoek, relaxzone, zwembad, speelterrein, etc. Op die manier kunt u bepalen wat de geschiktste planten zijn, afhankelijk van de functionaliteit van de ruimte.

ARBORÈTUM © Jordi Jové

128

It is better to sow plants that are sensitive to the cold near a wall that serves as protection. Also, walls accumulate heat during the day and release it at night so that plants can benefit from it.

Les plantes sensibles au froid doivent de préférence être placées à proximité d'un mur jouant le rôle de protection. En outre, les murs accumulent la chaleur pendant la journée et la diffusent durant la nuit, phénomène particulièrement bénéfique pour les plantes.

Kälteempfindliche Pflanzen setzt man besser in die Nähe einer schützenden Mauer. Zudem speichern die Wände die Wärme am Tag und geben sie in der Nacht ab, so dass die Pflanzen davon profitieren können.

Zet planten die koudegevoelig zijn het liefst bij een muur, zodat ze meer beschut staan. Bovendien kunnen de planten zo profiteren van het feit dat de muren overdag warmte opnemen en die 's nachts weer afgeven.

ARBORÈTUM © Jordi Jové

129

Raised beds will be more comfortable for older people; as they will not have to lean over as much when gardening.

Hochbeete sind für ältere Menschen bequemer, da sie sich bei der Gartenarbeit nicht bücken müssen.

Les plates-bandes surélevées seront plus confortables à travailler pour les personnes âgées, puisque ces dernières n'auront pas à se pencher pour entretenir le jardin.

Verhoogde bloembedden zijn comfortabeler voor ouderen. Zo hoeft men niet te bukken om de tuin te verzorgen

ARBORÈTUM © Jordi Jové

130

Be careful not to disrupt the perspective in the middle of the garden.

Vorsicht, wenn Sie die Perspektive in der Mitte des Gartens unterbrechen.

Veillez à ne pas briser la perspective au milieu du jardin.

Wees terughoudend met het doorbreken van het perspectief midden in de tuin.

ARBORÈTUM © Jordi Jové

131

Use masses of color in an uncluttered area.

Verwenden Sie Farbmassen neben einem weniger überladenen Bereich.

Placez des masses colorées à proximité d'une zone moins surchargée.

Zorg voor een kleurrijk vlak in de buurt van een minder opvallende zone.

ARBORÈTUM © Jordi Jové

Set aside a prominent space in the garden for long-lived and better quality trees.

Reservieren Sie einen auffälligen Ort im Garten für langlebige und wertvollere Bäume.

Réservez un espace important du jardin pour les arbres longévifs et de meilleure qualité.

Reserveer een opvallende ruimte van de tuin voor heel oude bomen en bomen van hogere kwaliteit.

ARBORÈTUM © Jordi Jové

133

Plant small trees such as prunus, orange, privet, laurel or palm trees near the house.

À proximité de la maison, il est conseillé de planter de petits arbres comme les pruniers, les orangers, les troènes, les lauriers ou les palmiers.

In der Nähe des Hauses empfehlen wir kleine Bäume zu pflanzen, wie Pflaumenbäume, Orangenbäume, Liguster, Lorbeerbäume oder Palmen.

Het is raadzaam om kleine bomen zoals prunussen, sinaasappelbomen, liguster, laurierbomen of palmbomen dicht bij het huis te plaatsen.

ARBORÈTUM © Jordi Jové

134

Place a plant against a dull or white façade, the contrast will give a pleasant result.

Nützen Sie das aus und setzten Sie Pflanzen vor eine langweilige oder weiße Fassade. Der Kontrast wirkt sehr gut.

Placez des plantes devant les façades ternes ou de couleur blanche. Le contraste donnera un excellent résultat.

Plaats planten voor een saaie of witte gevel. Het contrast geeft een mooi resultaat.

ARBORÈTUM © Jordi Jové

135

Flank the path with aromatic plants bordering each side, such as lavender, thyme or rosemary.

Tracez un chemin en créant des bordures à l'aide de plantes aromatiques placées de chaque côté. Vous pouvez planter de la lavande, du thym ou du romarin.

Markieren Sie den Verlauf eines Weges indem Sie ihn auf beiden Seiten mit duftenden Kräutern säumen. Sie können Lavendel, Thymian oder Rosmarin pflanzen.

Baken het pad af door aan weerszijden heggen met aromatische planten aan te leggen. Dit kunnen bijvoorbeeld lavendel, tijm of rozemarijn zijn.

© Pere Planells

136

Choose succulents plants and cacti. They are all are very resistant to pests.

Portez votre choix sur des crassulacées et des cactus. Toutes ces plantes sont très résistantes aux parasites.

Wählen Sie Sukkulenten und Kakteen. Sie sind alle sehr widerstandsfähig gegen Parasiten.

Kies voor vetplanten en cactussen; deze zijn heel resistent tegen parasieten.

ARBORÈTUM © Jordi Jové

137

Perennial flowers should be in the sun, although a certain amount of shade is acceptable.

Les fleurs vivaces doivent être exposées au soleil, même si un peu d'ombre est toujours le bienvenu.

Mehrjährige Blumen sollten in der Sonne stehen, aber ein wenig Schatten ist auch akzeptierbar.

Blijvende bloemen moeten in de zon staan, hoewel een beetje schaduw ook aanvaardbaar is.

ARBORÈTUM © Jordi Jové

138

Plant informal hedges and flowering plants in a sunny area.

Plantez des haies libres et fleuries dans une zone ensoleillée.

Pflanzen Sie informelle blühende Hecken in einem sonnigen Bereich.

Plant informele en bloeiende hagen op een zonnige plek.

ARBORÈTUM © Jordi Jové

139

Create an herb corner with rosemary, lavender, thyme, basil or mint. Plant those which are seasoning herbs close to the kitchen such as oregano, bay leaf and parsley.

Créez un espace d'herbes aromatiques : romarin, lavande, thym, basilic ou menthe. Placez les herbes condimentaires comme l'origan, le laurier ou le persil à proximité de la cuisine.

Gestalten Sie eine Kräuterecke mit Rosmarin, Lavendel, Thymian, Basilikum oder Pfefferminz. Pflanzen Sie Gewürzkräuter wie Oregano, Lorbeer oder Petersilie in die Nähe der Küche.

Richt een hoekje in met aromatische planten met rozemarijn, lavendel, tijm, basilicum of munt. Zet kruiden zoals oregano, laurier en peterselie dichtbij de keuken, is erg belangrijk.

ARBORÈTUM © Jordi Jové

140

The air and the sun quickly dry the soil in pots. Water them frequently and whenever you see that the plant requires it.

L'air et le soleil assèchent rapidement la terre des pots. Arrosez-les régulièrement et à chaque fois que la plante en a besoin.

Wind und Sonne trocknen die Erde in den Blumentöpfen schnell aus. Gießen Sie oft und immer dann, wenn Sie sehen, dass die Pflanze es verlangt.

De aarde van bloempotten droogt snel uit door de lucht en de zon. Geef de planten vaak water en altijd als u ziet dat dit nodig is.

© Andreas von Einsiedel

141

Choose interesting shapes and colors for isolated shrubs and place them in a corner, presiding over an entrance or beside a prominent area of the garden.

Wählen Sie einzelne Sträucher, die wegen ihrer Form oder Farbe interessant sind und pflanzen Sie sie in einer Ecke, bei einem Eingang oder an einer markanten Stelle des Gartens.

Choisissez des spécimens d'arbustes isolés à condition que leur forme et couleur revêtent un intérêt et plantez-les dans un coin, dans une entrée ou à proximité d'une zone remarquable du jardin.

Kies afzonderlijke exemplaren van struiken als ze interessant zijn vanwege hun vorm of kleur en plaats ze in een hoek, bijvoorbeeld naast de ingang of naast een opvallende zone van de tuin is erg belangrijk.

ARBORÈTUM © Jordi Jové

If you plant a clump of bushes as a barrier to isolate sound or the exterior terrace, put them in separate groups with 3.2, 5 or 6.5 feet between each other.

Si vous plantez un groupe d'arbustes servant de barrière contre le bruit ou à isoler la terrasse de l'extérieur, faites-le par groupes séparés de 1, 1,5 ou 2 mètres les uns des autres.

Wenn Sie eine Gruppe von Sträuchern als Lärmschutz pflanzen, oder um eine Terrasse nach außen hin abzugrenzen, pflanzen Sie sie in getrennten Gruppen mit einem Zwischenraum von 1 m, 1,5 m oder 2 m.

Als u een groep struiken plant als geluidsbarrière of om een terras af te bakenen, zet ze dan in groepen met een onderlinge afstand van 1, 1,5 of 2 meter.

—

ARBORÈTUM © Jordi Jové

143

Do not use the cuttings of plants that have suffered some disease as they will also be infected.

Ne réutilisez pas les boutures de plantes ayant souffert d'une phytopathologie. Ces dernières seront également infectées.

Verwenden Sie keine Ableger von Pflanzen, die eine Pflanzenkrankheit aufweisen, denn sie sind wahrscheinlich auch infiziert.

Gebruik geen stekjes van de planten die een plantenziekte hebben gehad, omdat de stekjes ook geïnfecteerd zijn.

—

ARBORÈTUM © Jordi Jové

144

Use manure, compost, peat or verm compost so that the shrub grows with sufficient nutrients (between 2.2 and 4.4 lbs per shrub, depending on the quality of the soil).

Utilisez du fumier, du terreau, de la tourbe ou de l'humus de ver de terre afin que l'arbuste pousse en présence de nutriments suffisants (entre 1 et 2 kg par arbuste, en fonction des carences du sol).

Verwenden Sie Mist, Gartenerde, Torf oder Wurmhumus, damit der Strauch mit genügend Nährstoffen wächst (zwischen 1 und 2 kg pro Strauch, abhängig davon, wie nährstoffarm der Boden ist).

Gebruik mest, aarde, turf of humus, zodat de struik voldoende voedingsstoffen heeft om te groeien (1 tot 2 kg per struik, afhankelijk van hoe arm de grond is).zoals een openlucht eethoek, is erg belangrijk.een openlucht eethoek, is erg belangrijk.

145

Avoid transplanting specimens in spring and summer because they are in full swing of activity.

Évitez de transplanter des spécimens au printemps et en été, périodes de pleine activité.

Im Frühling und Sommer ist das Umsetzen der Exemplare zu vermeiden, da sie dann voll aktiv sind.

Verplanten van exemplaren het liefst niet in de lente en de zomer, omdat ze dan volop actief zijn.

ARBORÈTUM © Jordi Jové

Isolated palms trees in a garden are very elegant, as is groups of the same species, either the same or different heights.

Dans un jardin, les palmiers isolés sont très élégants. Cette option est également envisageable en groupes de la même espèce de hauteurs identiques ou différentes.

Einzelne Palmen in einem Garten sind sehr elegant. Eine weitere gute Möglichkeit bieten Gruppen derselben Sorte in gleicher oder unterschiedlicher Höhe.

Afzonderlijke palmbomen staan heel elegant in een tuin. Een andere optie is om ze in groepen van dezelfde soort, van gelijke of verschillende grootte, bij elkaar te zetten.

ARBORÈTUM © Jordi Jové

147

Spray the foliage with water, to give it moisture and assist photosynthesis.

Pulvérisez leur feuillage avec de l'eau. Ils apprécieront l'humidité et cette présence.

Besprühen Sie die Blätter mit Wasser. Sie sind dankbar für die Feuchtigkeit und die Fotosynthese wird dadurch erleichtert.

Besproei hun bladeren met water. Ze houden van vocht en dit vergemakkelijkt de fotosynthese.

ARBORÈTUM © Jordi Jové

148

Grown in pots, they are ideal to place in the garden in spring and summer. In winter, it is better to protect them from the cold.

Cultivés en pots, les palmiers pourront être sortis dans le jardin au printemps et en été. En hiver, il est préférable de les protéger du froid.

In Töpfen gezogen sind sie ideal, um sie im Frühling und Sommer in den Garten zu stellen. Im Winter ist es besser, sie vor der Kälte zu schützen.

In bloempotten zijn ze ideaal om in de lente en in de zomer buiten te zetten. Houd ze in de winter het liefst binnen, beschermd tegen de kou.

ARBORÈTUM © Jordi Jové

149

Palm trees grown inside are very easy to look after. Place them close to a window so that they grow and do not lose their luster.

Les palmiers cultivés en intérieur sont particulièrement appréciés. Rapprochez-les d'une fenêtre pour favoriser leur croissance et ne pas atténuer leur éclat.

Palmen, die in Innenräumen gezogen werden, sind sehr dankbar. Stellen Sie sie an einem Fenster auf, damit sie wachsen und ihren Glanz nicht verlieren.

Binnen gekweekte palmbomen geven een dankbaar resultaat. Zet ze bij een raam, zodat ze groeien en hun glans niet verliezen.

© Jordi Miralles

150

When you are transplanting, water the plant the day before so that the change is more successful

Arrosez la plante la veille de sa transplantation afin de pouvoir effectuer l'ensemble du processus de changement plus facilement.

Wenn Sie umpflanzen, gießen Sie die Pflanze am Tag zuvor, damit das Umsetzen besser vonstatten geht.

Wilt u gaan verplanten, geef de plant dan de dag daarvoor water, zodat het verplaatsingsproces beter verloopt.

ARBORÈTUM © Jordi Jové

FOUNTAINS AND POOLS

Tips for Garden Design

Pools and ponds are garden elements that convey a sense of calm, sound and visual pleasure and may even be a source of life for both wildlife and flora. Biopools modify the traditional method for a new ecological system that requires no chemicals to oxygenate the water.

FONTAINES ET PISCINES

Conseils pour la conception de jardins

Les piscines et les bassins sont des éléments du jardin qui transmettent une sensation de tranquillité, de plaisir visuel et sonore. En outre, ils peuvent être sources de vie à la fois pour la faune et la flore. Les biopiscines sont une alternative à la méthode traditionnelle grâce à l'utilisation d'un nouveau système écologique qui ne fait appel à aucun produit chimique pour oxygéner l'eau.

BRUNNEN UND SCHWIMMBECKEN

Ratschläge für die gartengestaltung

Schwimmbecken und Teiche sind Bestandteile des Gartens, die ein Gefühl von Ruhe vermitteln und einen angenehmen Anblick und wohltuende Geräusche bieten und auch eine Lebensquelle für Fauna und Flora sein können. Bio-Schwimmbecken ersetzen die traditionelle Methode durch ein neues ökologisches System, das keine chemischen Produkte für die Versorgung des Wassers mit Sauerstoff erfordert.

FONTEINEN EN ZWEMBADEN

Tips voor het tuinontwerp

Zwembaden en vijvers zijn elementen in de tuin die een gevoel van rust en visueel en klankrijk genot geven en kunnen zelfs een bron van leven zijn voor zowel fauna als flora. Met de opkomst van de biologische zwembaden werd de traditionele methode vervangen door een nieuw, ecologisch systeem waarbij geen chemische producten voor het zuiveren van het water nodig zijn.

< © Pere Planells

Make sure that the pond is partly shaded. It is best to place it in an area with six or seven hours of shade.

Apportez de l'ombre au bassin. Mieux vaut l'installer dans une zone exposée à l'ombre de 6 à 7 heures.

Sorgen Sie für etwas Schatten beim Teich. Es ist besser, ihn an einer Stelle mit sechs oder sieben Schattenstunden anzulegen.

Zorg voor wat schaduw in de vijver. Het beste is om de vijver aan te leggen in een zone met 6 tot 7 uur schaduw.

—

© DARDELET

152

Install waterfalls, fountains or pumps that generate the movement of water to provide oxygen.

Aménagez des cascades, des fontaines ou des jets générant un mouvement de l'eau favorable à son oxygénation.

Bauen Sie Wasserfälle, Brunnen oder Springbrunnen ein, die das Wasser in Bewegung bringen und Sauerstoff zuführen.

Watervallen, fonteinen of waterstralen zorgen dat het water in beweging is, waardoor zuurstof wordt aangevoerd.

153

Prevent the accumulation of organic waste in the pond, removing leaves and dried flowers that fall.

Vermeiden Sie organische Rückstände im Teich und entfernen Sie fallende Blätter und trockene Blüten.

Évitez la présence de déchets organiques dans le bassin en retirant les feuilles et les fleurs sèches.

Voorkom dat er organische resten in de vijver drijven en verwijder bladeren en droge bloemen.

© Shania Shegedyn

154

Avoid strong sunlight, as it promotes the growth of algae that consumes oxygen and in turn kills fish.

Évitez d'exposer le bassin à de forts rayonnements étant donné que ces derniers favorisent la prolifération d'algues qui finissent par pomper l'oxygène et par tuer les poissons.

Vermeiden Sie starke Sonne, da diese die Vermehrung von Algen fördert, die Sauerstoff verbrauchen. Die Fische wären die ersten Opfer.

Vermijd felle zon in de vijver, omdat dat de algengroei bevordert, waardoor uiteindelijk zuurstoftekort ontstaat, waarvan de vissen als eerste slachtoffer worden.

155

Use the shade of a tree, but if it is deciduous be careful, because you do not want the water to become dirty because of dry leafs.

Profitez de la zone d'ombre formée par un arbre en veillant à ce que celui-ci ne soit pas à feuilles caduques. Il est en effet conseillé d'éviter l'encrassement de l'eau par la chute de feuilles sèches.

Nutzen Sie den Schatten eines Baumes, aber wenn es sich um einen Laubbaum handelt, passen Sie auf, denn es ist ungünstig, wenn das Wasser durch fallende Blätter verschmutzt wird.

Benut de zone in de schaduw van een boom, maar wees terughoudend als dat een bladverliezende soort is, anders kan het water troebel worden door gevallen droge bladeren.eethoek, is erg belangrijk.

© Raderschall

156

Choose a shady spot, sheltered from the wind, for example, near a quiet rest area.

Wählen sie einen schattigen, windgeschützten Platz, z.B. in der Nähe eines Ruhebereichs.

La taille du bassin doit être en rapport avec les proportions du jardin.

Kies een schaduwrijke plaats, beschut tegen de wind, bijvoorbeeld in de buurt van een rustgedeelte.

© Giorgi Baroni

157

The size of the pond must be in direct relation with the size of the garden.

Die Größe des Teiches muss zu den Proportionen des Gartens passen.

La taille du bassin doit être en rapport avec les proportions du jardin.

De grootte van de vijver moet in overeenstemming zijn met de afmetingen van de tuin.

158

To build the pond, wait until no rain is forecast for a few days to prevent it from filling with water.

Avant de débuter sa construction, tenez-vous informé des prévisions météorologiques pour éviter qu'il ne se remplisse d'eau de pluie.

Wenn Sie den Teich anlegen, warten Sie auf Tage, für die kein Regen vorhergesagt wird, um zu vermeiden, dass er sich mit Wasser füllt.

Wacht met de aanleg van een vijver tot er geen regen wordt voorspeld voor de komende dagen, om te voorkomen dat de vijver volstroomt met water.

© Benny Chan/Fotoworks, Belzberg Architects

159

Create a border of about 6 inches and a deeper area for water lilies and oxygenating plants.

Créez un bord d'environ 15 centimètres et une zone plus profonde pour les nénuphars et les plantes oxygénantes.

Schaffen Sie einen ca. 15 cm breiten Rand und eine tiefere Zone für Seerosen und Pflanzen, die das Wasser mit Sauerstoff anreichern.

Creëer een rand van ongeveer 15 centimeter en een dieper gedeelte voor waterlelies en zuurstofleverende planten.

© Pere Planells

160

Use some kind of biological filter or zeolite cartridges.

Utilisez un filtre biologique ou des cartouches de zéolite.

Benutzen Sie einen biologischen Filter oder eine Zeolith-Kartusche.

Gebruik een biologische filter of zeoliet.

161

If there are children, protect the pond with a discreet fence.

Protégez le bassin à l'aide d'une clôture discrète en cas de présence d'enfants.

Wenn Sie Kinder haben, umgeben Sie den Teich mit einem unauffälligen Zaun.

Als er kinderen zijn, scherm de vijver dan af met een onopvallend hek.

If the pond is large, it should have a drain hole so that it can be emptied every 2 or 3 years.

Si la taille du bassin est importante, il convient d'équiper ce dernier d'un orifice d'évacuation pour pouvoir le vider tous les 2 ou 3 ans.

Wenn der Teich groß ist, sollte er ein Abflussloch haben, damit man ihn alle 2 oder 3 Jahre leeren kann.

Gaat het om een grote vijver, zorg er dan voor dat er een afvoer is, zodat u de vijver om de twee of drie jaar kunt laten leeglopen.

© Guy Wenborne

163

Cover the hole with a polyethylene or PVC sheet. For a prefabricated pond simply block the hole and fill it with water.

Revêtir le trou d'une plaque de polyéthylène ou de PVC. Les bassins préfabriqués doivent tout simplement être déposés dans le trou et remplis d'eau.

Kleiden Sie die Grube mit einer Polyäthylen- oder PVC-Folie aus. Vorgefertigte Teiche werden einfach in die Grube eingelassen und mit Wasser gefüllt.

Bekleed het gat met een polyethyleen of PVC laag. Voorgefabriceerde vijvers kunnen simpelweg in het gat worden geplaatst en met water worden gevuld.

© Guy Wenborne

164

Keep an eye on the growth of certain invasive plants.

Surveillez le développement de certaines plantes susceptibles de se convertir en éléments envahissants.

Achten Sie auf die Entwicklung bestimmter Pflanzen, die anfangen können, zu wuchern.

Houd de ontwikkeling van bepaalde planten die invasief kunnen worden in de gaten.

165

Plant oxygenating plants as they absorb minerals from the decomposition of organic matter and CO2 from fish and they release oxygen to the water.

Cultivez des plantes oxygénantes en raison du fait qu'elles absorbent les minéraux issus de la décomposition de la matière organique et le CO2 dégagé par les poissons. En outre, elles apportent de l'oxygène à la masse d'eau.

Setzen Sie Pflanzen, die sauerstoffanreichernd sind, da sie Mineralien aus dem Zerfall von organischer Materie und den CO2 der Fische absorbieren und Sauersoff in das Wasser freigeben.

Kweek zuurstofleverende planten. Deze absorberen mineralen die afkomstig zijn van de ontbinding van organisch materiaal en CO2 van de vissen en geven zuurstof af aan het water.

—

© Guy Obijn

166

One option is water lettuce, which literally devours polluting nitrogen.

Une solution consiste à utiliser des laitues d'eau, espèce qui dévore littéralement l'azote.

Eine Option ist Wassersalat (Grüne Wasserrose oder Muschelblume), der buchstäblich den kontaminierenden Stickstoff verschlingt.

Een goede optie is watersla, die vervuilend stikstof letterlijk verorbert.

—

© Guy Obijn

Once constructed, disperse aquatic plants, fountains, rocks and all the elements necessary to complete the pond.

Une fois construit, distribuez les plantes aquatiques, les fontaines, les rochers et tous les éléments nécessaires pour compléter le plan d'eau.

Wenn der Teich fertig ist, verteilen Sie Wasserpflanzen, Brunnen, Felsen und alle nötigen Objekte, um ihn zu vervollständigen.

Is de vijver eenmaal aangelegd, verdeel dan de waterplanten, fonteinen, rotsen en alle nodige elementen over de ruimte, om de vijver compleet te maken.

© Groep Delta Architectur

168

You can fill the pond with a hose when you see that the water level has gone down due to evaporation and plant consumption.

Vous pouvez remplir le bassin à l'aide d'un tuyau lorsque le niveau d'eau diminue à cause de l'évaporation et de la consommation des plantes.

Wenn Sie sehen, dass sich der Wasserspiegel durch Verdunstung und durch den Verbrauch der Pflanzen senkt, können Sie den Teich mit einem Schlauch füllen.

Als u ziet dat het waterpeil zakt als gevolg van verdamping en de opname door planten, kunt u de vijver met een tuinslang bijvullen.

169

If you choose to have fish, feed them in spring and summer up to fall when the water temperature begins to cool down. They should not be fed again until the following spring.

Wenn Sie sich für Fische entscheiden, füttern Sie sie ab dem Frühling und im Sommer bis im Oktober die Wassertemperatur sinkt. Die Fütterung darf bis zum nächsten Frühling nicht wieder aufgenommen werden.

Si vous souhaitez élever des poissons, nourrissez-les à partir du printemps et en été, jusqu'à ce que la température de l'eau commence à diminuer en automne. Reprenez l'apport d'aliments au printemps suivant.

Als u ervoor kiest om vissen te houden, voer ze dan alleen vanaf in voorjaar en de zomer, totdat in de herfst de watertemperatuur daalt. Geef ze pas vanaf de daarop volgende lente weer voer.

—

© Martin Eberle

170

There are plants called deep water plants which should be placed in a pot on a few bricks at the bottom. As the plant grows, you can gradually remove the bricks. Examples: water lily, lotus flower.

Es gibt sogenannte Tiefwasserpflanzen, die in einem Blumentopf auf ein paar Ziegelsteinen auf dem Grund aufgestellt werden sollten. Wenn die Pflanze wächst, können wir die Ziegelsteine entfernen. Beispiele: Seerosen, Lotosblume.

Il existe des plantes dites pour eau profonde qui doivent être placées dans un pot déposé sur plusieurs briques au fond du bassin. Les briques seront retirées à mesure que la plante pousse. Exemples : nénuphar, fleur de lotus.

Er bestaan soorten, "onderwaterplanten" genoemd, die in een bloempot op een paar bakstenen op de bodem moeten worden geplaatst. Verwijder de bakstenen naarmate de plant groeit. Voorbeelden hiervan zijn de waterlelie en de lotusbloem.

—

© Martin Eberle

171

Remove algae with a stick as long as you do not damage other pond plants and fish.

Vous pouvez éliminer les algues à l'aide d'une perche en veillant à ne pas abîmer les autres plantes du bassin et à ne pas déranger les poissons.

Sie können die Algen mit einem Stock entfernen, so lange Sie nicht die anderen Pflanzen im Teich und die Fische verletzen.

U kunt algen eenvoudig verwijderen met een stok. Zorg er daarbij voor dat u de overige planten van de vijver en de vissen niet beschadigt.

172

Shore or marginal plants, also called marshes, are those placed on the ledge of the pond, although they can also survive outside the water. They can survive both in the pond and garden. Examples: lily, cala.

Les plantes de rive ou de bord, également désignées sous le nom de palustres, correspondent aux espèces placées sur les rebords du bassin, même si ces dernières sont capables de se développer à l'extérieur. Elles jouent le rôle de transition entre le plan d'eau et le jardin. Exemples : iris, arum.

Uferpflanzen, auch Sumpfpflanzen genannt, werden am Teichrand gepflanzt, sie können aber auch außerhalb überleben. Sie bilden den Übergang vom Teich zum Garten. Beispiele: Lilie, Wasserlilie.

Oeverplanten, ook wel moerasplanten genoemd, zijn planten die aan de rand van de vijver worden geplaatst, hoewel ze ook buiten de vijver kunnen leven. Ze dienen als overgangselement tussen de vijver en de tuin. Voorbeelden zijn de iris en de witte aronskelk.

© Lenny Provo

173

Floating plants can be simply thrown into the water. Examples: water lettuce, elephant ear.

Pour les plantes flottantes, il suffit tout simplement de les jeter dans l'eau. Exemples : laitue d'eau, oreille d'éléphant.

Schwimmpflanzen werden gepflanzt, indem man sie einfach ins Wasser wirft. Beispiele: Wassersalat, Elefantenohr.

Drijfplanten kunt u planten door ze simpelweg in het water te gooien. Voorbeelden zijn watersla en alocasie.

© Paul Smoothy

174

Oxygenating plants are those that have a functional not aesthetic function, as they only serve to keep the water clear.

Les plantes oxygénantes ne remplissent aucune fonction esthétique mais jouent un rôle fonctionnel puisqu'elles servent à conserver la limpidité de l'eau.

Sauerstoffpflanzen haben keine ästhetische sondern eine funktionale Funktion und dienen dazu, das Wasser klar zu halten.

Zuurstofleverende planten zijn planten die geen esthetische functie hebben, maar functioneel zijn, aangezien ze het water schoon houden.

© Rongen Arch tekten

TIPS FOR DESIGNING WITH PLANTS AND FLOWERS

Tips for Garden Design

The use of color is one of the keys to a harmonious garden. One option is to play with different shades of green: light, medium and dark, bluish, grayish and yellowish. This can be achieved with conifers and foliage shrubs. If you want to create a discreet atmosphere combine green with some flowers.

CONSEILS POUR DÉCORER UN JARDIN DE PLANTES ET DE FLEURS

Conseils pour la conception de jardins

L'utilisation de la couleur est l'un des points clés pour aménager un jardin harmonieux. Une solution consiste à jouer avec différentes nuances de vert : clair, moyen et foncé ; bleuté, grisâtre et jaunâtre. Ces tons peuvent être obtenus grâce aux conifères et aux arbustes à feuilles. Si l'on souhaite créer une ambiance discrète, il est possible d'opter pour une combinaison de verts avec quelques fleurs.

RATSCHLÄGE FÜR DIE GESTALTUNG MIT PFLANZEN UND BLUMEN

Ratschläge für die gartengestaltung

Die Farben spielen eine Schlüsselrolle bei der Gestaltung eines harmonischen Gartens. Eine Möglichkeit besteht darin, mit verschiedenen Grüntönen zu spielen: hellgrün, mitte -und dunkelgrün, blaugrün, graugrün und gelbgrün. Man kann dies mit Koniferen und blattreichen Sträuchern erreichen. Wenn man eine dezente Umgebung schaffen will, kann man verschiedene Grüntöne mit ein paar Blumen kombinieren.

TIPS VOOR HET ONTWERPEN MET PLANTEN EN BLOEMEN

Tips voor het tuinontwerp

Kleurgebruik is een van de sleutelpunten voor het verkrijgen van een harmonieuze tuin. Een optie is om te spelen met verschillende groentinten: lichte, halflichte en donkere, blauwgroene en geelgroene schakeringen. Dit kan men bereiken met coniferen en struiken met gebladerte. Wilt u een discrete entourage, dan kunt u ervoor kiezen om groen te combineren met bloemen.

< © Montse Garriga

In potted flowers, avoid over watering because the roots could rot. The symptom is that leaves turn yellow and then fall off.

Les fleurs plantées en pot ne doivent pas être excessivement arrosées au risque de pourrir leurs racines. Le jaunissement et la chute ultérieure des feuilles constituent le premier symptôme d'excès d'eau.

Gießen Sie die Topfpflanzen nicht zu oft, da ihre Wurzeln faulen können. Das Symptom besteht darin, dass die Blätter gelb werden und dann abfallen.

Voorkom bij bloemen in een pot een teveel aan water, omdat de wortels anders kunnen verrotten. Het symptoom daarvan is dat de bladeren geel worden en daarna vallen.

176

Flowers in a vase do not only fill the room with color but they scent the air.

Outre le fait de remplir la maison de couleurs, les fleurs en vase parfument la pièce.

Blumen in einer Vase erfüllen nicht nur das Zimmer mit Farbe sondern auch die Umgebung mit ihrem Duft.

Bloemen in een vaas geven het vertrek niet alleen meer kleur, maar zorgen ook voor een aangename geur.

177

Potted plants in periods of growth and flowering need more water.

Les plantes en pot qui se trouvent en période de croissance et de floraison ont besoin d'être arrosées plus régulièrement.

Topfpflanzen brauchen während der Wachstums- und Blütezeit mehr Wasser.

Potplanten hebben in de groei- en bloeiperiode meer water nodig.

178

Do not saturate flowers as they will not last as long.

Ne mouillez pas les fleurs au risque d'écourter leur durée de vie.

Befeuchten Sie die Blumen nicht, sonst halten sie weniger lang.

Zorg ervoor dat de bloemen niet nat worden, anders blijven ze minder lang mooi.

© Jordi Sarrà

179

Do not break off flowers as you desire as they do not like to be manhandled.

N'aérez pas le bouquet de façon incessante car les fleurs n'aiment pas être tripotées.

Dünnen Sie den Strauß nicht ständig aus, da die Blumen es nicht mögen, dass man sie befingert.

Schik het boeket niet voortdurend, bloemen houden er niet van om aangeraakt te worden.

© ZeroEnergy Design

180

In the case of bought flowers, when you get home, leave them in water for a couple of hours with the stems fully submerged in water so that they recover from the transfer.

Les fleurs achetées en magasin doivent de préférence être placées dans l'eau pendant quelques heures en veillant à submerger leurs tiges afin qu'elles puissent récupérer du transport.

Wenn Sie Blumen kaufen, ist es ratsam, sie zuhause ein paar Stunden mit den Stängeln ins Wasser zu tauchen, damit sie sich vom Transport erholen können.

Als u bloemen koopt, laat ze dan bij thuiskomst een paar uur met de stelen in het water staan, zodat ze zich van het vervoer kunnen herstellen.

181

If you cut roses in your garden, cut them just above a leaf. The cut should be inclined.

Wenn Sie in Ihrem Garten Rosen schneiden, schneiden Sie sie direkt über einem Blatt ab. Der Schnitt sollte ziemlich schräg sein.

Si vous taillez les roses de votre jardin, coupez-les juste au-dessus d'une feuille. La coupe doit être relativement inclinée.

Als u rozen uit de tuin afsnijdt, doe dat dan vlak boven het blad. Snijd ze vrij schuin af.

© Jordi Sarrà

182

Protect them from direct sunlight and change the water regularly. Roses can last for 15 days.

Verhindern Sie, dass sie von der Sonne beschienen werden, und wechseln Sie regelmäßig das Wasser. Rosen können bis zu 15 Tagen halten.

Évitez leur exposition au soleil et changez l'eau régulièrement. Les roses peuvent vivre une quinzaine de jours.

Voorkom dat ze in de volle zon staan en ververs het water regelmatig. De rozen kunnen zo wel veertien dagen staan.

© Jordi Sarrà

183

If you do not have preservatives put an aspirin in the water. You can also use a few drops of white vinegar, lemon or gin.

Si vous n avez pas de conservateurs à portée de main, déposez une aspirine dans le récipient d'eau. Vous pouvez également y déposer quelques gouttes de vinaigre blanc, du gin ou du citron.

Wenn Sie keine Konservierungsmittel haben, können Sie eine Aspirin-Tablette ins Wasser geben. Sie können auch ein paar Tropfen Weißwein, Gin oder Zitrone verwenden.

Heeft u geen conserveringsmiddelen dan kunt u een aspirine aan het water toevoegen. U kunt ook een paar druppels witte azijn, jenever of citroen gebruiken.

© Jordi Sarrà

184

If you want to take extreme care, you can use preservatives to eliminate bacteria, which is the number one enemy of flower bouquets.

Si vous souhaitez apporter le plus grand soin à vos fleurs, vous pouvez faire appel à des conservateurs qui éliminent les bactéries, principaux ennemis des fleurs en bouquet.

Wenn Sie die Pflege erweitern möchten, können Sie Konservierungsmittel verwenden, die Bakterien vernichten, die die Hauptfeinde der Schnittblumen sind.

Wilt u het helemaal goed doen, dan kunt u bacteriewerende conserveringsmiddelen gebruiken, aangezien bacteriën de grootste vijanden zijn van snijbloemen.

185

On a daily basis cut a beveled edge at the end of the stem.

Coupez en biseau un petit morceau de l'extrémité de la tige tous les jours.

Schneiden Sie täglich ein Stück von der Schrägkante am Ende des Stängels ab.

Snijd regelmatig schuin een stukje van het uiteinde van de steel af.

Early morning or late afternoon is usually the best times to cut the flower, because the tissues are more turgid than when in the direct sunlight.

Les premières heures du jour ou les dernières heures de l'après-midi sont généralement les meilleurs moments de la journée pour couper la fleur, en raison du fait que les tissus sont plus turgescents qu'en plein soleil.

Blumen schneidet man am besten am frühen Morgen oder am Abend, da sie dann praller als im vollen Sonnenlicht sind.

's Morgens vroeg of laat in de middag zijn de beste tijdstippen om de bloemen te snijden, omdat de weefsels dan meer opgezet zijn dan in de volle zon.

© Jordi Sarrà

187

Daffodils, roses, tulips, chrysanthemums, dahlia, gerbera, iris, marigolds or lily flowers are some of the most commonly used flowers for bouquets.

Les narcisses, les roses, les tulipes, les chrysanthèmes, les dahlias, les gerberas, les iris, les calendulas ou les lis sont quelques-unes des fleurs les plus utilisées pour la confection de bouquets.

Narzissen, Rosen, Tulpen, Chrysanthemen, Dahlien, Gerbera, Iris, Ringelblumen und Lilien gehören zu den Blumen, die am meisten für Sträuße verwendet werden.

Narcissen, rozen, tulpen, chrysanten, dahlia's, gerbera, irissen, goudsbloemen of lelies zijn enkele van de meest gebruikte bloemen voor een boeket.

—

© José Luis Hausmann

188

Decorating with flowers will fill the room with color and vitality.

Blumen erfüllen ein Zimmer mit Farbe und Leben.

—

© Jordi Sarrà

Ornementer une pièce de fleurs la remplira de couleurs et de vitalité.

Als u een vertrek met bloemen versiert, krijgt het kleur en vitaliteit.

189

The vase water should be kept clear and should be changed when dirty as when the plant is cut from its roots it has no way to receive oxygen and the only way to sustain it is from oxygen dissolved in water through the stem.

L'eau du vase doit toujours être propre et doit être changée à chaque fois qu'elle est sale. La plante, dépourvue de ses racines, ne possède en effet aucun moyen de capter de l'oxygène et la seule façon dont elle dispose consiste à s'alimenter à travers la tige à partir de l'oxygène dissout dans l'eau.

Das Wasser in der Vase muss immer sauber sein und man muss es jedesmal, wenn es schmutzig wird, erneuern, denn auf Grund dessen, dass die Pflanze ihre Wurzeln verloren hat, hat sie keine Möglichkeit, Sauerstoff zu bekommen und die einzige Art, sich zu erhalten, ist die Aufnahme von im Wasser gelösten Sauerstoff mit dem Stängel.

Het water in de vaas moet altijd schoon zijn en ververst worden als het troebel is. Als de plant zijn wortels verliest kan hij geen zuurstof opnemen en de enige manier waarop hij in leven kan blijven is door middel van de zuurstof die in het water is opgelost, via de steel.

© Jordi Sarrà

NB: All flowers must have sufficient water. The number of flowers must be proportional to the size of the vase, without over accumulating specimens.

Attention ! Toutes les fleurs doivent être suffisamment approvisionnées en eau. La quantité de fleurs doit être proportionnelle au volume du vase en veillant à ne pas entasser les spécimens.

Wichtig: Alle Blumen müssen genug Wasser haben. Die Anzahl der Blumen muss im Verhältnis zur Vase stehen, ohne dass sie zusammengedrückt werden.

Belangrijk! Alle bloemen moeten voldoende water hebben. De hoeveelheid bloemen moet in verhouding zijn met de inhoud van de vaas, zonder dat exemplaren teveel samengedrukt worden.

191

Flowers and plants improve our mood through the colors and the natural properties that some of them provide.

Les fleurs et les plantes améliorent notre état d'esprit grâce à leurs coloris et aux propriétés naturelles que certaines d'entre elles possèdent.

Blumen und Pflanzen verbessern unsere Laune durch Farbe und die natürlichen Eigenschaften, die manche von ihnen beisteuern.

Bloemen en planten verbeteren onze gemoedstoestand door hun kleur en dankzij de natuurlijke eigenschappen van sommige soorten.

—

© Pere Planells

192

Combine their colors with colors of other objects in the room, such as cushions, lamps and curtains.

Il est possible de combiner la couleur de la fleur avec celle d'autres objets se trouvant dans la pièce (coussins, lampes et rideaux).

Wir können ihre Farbe mit der von anderen Gegenständen, die sich im Zimmer befinden, wie Kissen, Lampen und Vorhänge kombinieren.

Speel door de kleur van de bloemen te combineren met die van andere voorwerpen in de kamer, zoals kussens, lampen en gordijnen

—

© Jordi Sarrà

Dust accumulated on the leaves of houseplants clogs the stoma or pores hindering the process of photosynthesis. Spray with water or use a damp cloth to clean the leaves regularly.

La poussière accumulée sur les feuilles des plantes d'intérieur bouche les stomates ou les pores et rendent le processus de photosynthèse difficile. Pulvérisez de l'eau ou utilisez un linge humide pour nettoyer les feuilles régulièrement.

Der Staub, der sich auf den Blättern der Zimmerpflanzen ansammelt, verstopft die Öffnungen und Poren und erschwert die Fotosynthese. Besprühen Sie sie mit Wasser oder reinigen Sie die Blätter regelmäßig mit einem feuchten Tuch.

Opgehoopt stof op de bladeren van de planten geeft verstopping van de stoma's of poriën, waardoor het fotosyntheseproces bemoeilijkt wordt. Sproei er water overheen of gebruik een vochtig doekje om de bladeren regelmatig te reinigen.

194

When buying flowering plants ensure that no more than 15% of the flowers are open, and that they have well formed buds.

Lorsque vous achetez des plantes à fleurs, veillez à ce que le pourcentage de fleurs ouvertes ne soit pas supérieur à 15 % et que les boutons soient bien formés.

Wenn Sie blühende Pflanzen kaufen, müssen Sie dafür sorgen, dass nicht mehr als 15% der Blüten offen sind und die Knospen gut ausgebildet sind.

Let er bij de aankoop van planten met bloemen op dat het percentage open bloemen niet hoger is dan 15% en dat de knoppen goed gevormd zijn.

© José Luis Hausmann

Flowers cut on a sunny day last much longer than if they are cut on a rainy day.

Les fleurs coupées lors d'une journée ensoleillée vivent plus longtemps que celles coupées un jour de pluie.

Blumen, die an einem sonnigen Tag geschnitten wurden, halten viel länger, als die an einem Regentag geschnittenen.

Bloemen blijven langer goed als ze op een zonnige dag geplukt zijn dan als ze op een regenachtige dag worden geplukt.

196

In winter, flowers keep better if you put some raw potatoes in the vase and stick the stems of flowers into them. This will prevent premature wilting in rooms with heating.

En hiver, les fleurs se conservent plus facilement dans le vase si leurs tiges sont piquées dans des pommes de terre crues. Ceci permet d'éviter qu'elles ne se fanent trop rapidement dans les chambres chauffées.

Im Winter halten sich die Blumen besser, wenn wir ein paar rohe Kartoffeln in die Vase legen und die Blumenstängel hinein stecken. Dadurch wird vermieden, dass sie in beheizten Zimmern vorzeitig welken.

In de winter blijven bloemen langer mooi als ze in een vaas worden gezet met hun stelen in een paar rauwe aardappelen gestoken. Hierdoor verleppen ze minder snel in kamers met verwarming.

197

One branch of fir in the vase will help retain their freshness.

Ein Tannenzweig in einer Vase hilft, die Frische zu bewahren.

Une branche de sapin placée dans le vase favorisera la conservation de la fraîcheur des plantes.

Met een dennentak in een vaas wordt de frisheid behouden.

198

The beauty of tulips can be maintained longer if we only put a little water in the vase and we make a small cut in the stems just below the flower. This will prevent the stem from bending.

La beauté des tulipes peut être conservée plus longtemps lorsqu'elles sont placées dans un vase ne contenant que très peu d'eau et qu'une petite entaille est réalisée sur les tiges, juste sous la fleur. Cette technique permet également d'éviter que les tiges ne se plient.

Die Schönheit der Tulpen kann man länger erhalten, wenn man sie in eine Vase mit wenig Wasser stellt und kurz unter der Blüte einen kleinen Einschnitt macht. Damit vermeidet man auch, dass die Stängel umknicken.

De schoonheid van tulpen blijft langer behouden als u de tulpen in een vaas met weinig water zet en een kleine inkeping in de stelen maakt, vlak onder de bloem. Hiermee wordt ook voorkomen dat de stelen knakken.

© Joaaao Ribeiro

199

If you have to carry flowers and worry about damaging them, wrap the stems with moistened pieces of cotton and a bag.

Si des fleurs doivent être transportées et que l'on craint de les abîmer, il est possible d'envelopper leurs tiges dans des cotons humides et dans un sac.

Wenn wir Blumen transportieren müssen und fürchten, dass sie beschädigt werden, können wir die Stängel in feuchte Baumwolle wickeln und in eine Tüte stecken.

Moet u de bloemen vervoeren en bent u bang dat ze beschadigen, wikkel de stelen dan in bevochtigde watten in een tasje.

© Jordi Sarrà

200

The same technique can be used for roses, making the cut just below the calyx. However, they require plenty of water for optimal preservation.

Pour les roses, il est également possible d'utiliser la même technique en réalisant l'entaille juste sous le calice. En revanche, leur conservation est obtenue dans un vase contenant beaucoup d'eau.

Für Rosen kann man dieselbe Technik anwenden und sie direkt unter dem Blütenkelch einschneiden. Umgekehrt kann man sie in einer Vase mit viel Wasser lange frisch halten.

Voor de rozen kan dezelfde techniek van een inkeping vlak onder de kelk worden gebruikt. Zij moeten echter in een vaas met een ruime hoeveelheid water worden gezet.

201

For lilacs to last longer, we must make a fork in their stems with a sharp knife. This flower lasts longer if we add a little sugar to the vase.

Pour que les lilas vivent plus longtemps, il importe de réaliser une bifurcation au niveau de leurs tiges à l'aide d'un couteau bien aiguisé. Cette fleur est conservée plus longtemps grâce à l'ajout d'un peu de sucre dans le vase.

Damit Flieder länger hält, müssen wir mit einem scharfen Messer seine Stiele spalten. Diese Blüte hält sich länger, wenn wir ein wenig Zucker in die Vase geben.

Opdat seringen langer mooi blijven kunt u de stelen aan het uiteinde splijten met een goed scherp mes. Deze bloem blijft langer goed als u wat suiker aan het water toevoegt.

202

Lemonade can help to maintain the charm of carnations.

La limonade peut favoriser la conservation du charme des œillets.

Limonade kann dazu beitragen, dass wir länger Freude an Nelken haben.

Citroenlimonade kan helpen om anjers mooi te houden.

203

Plants produce oxygen and consume carbon dioxide. They are ideal for rooms where we must spend long hours.

Les plantes produisent de l'oxygène tout en consommant le dioxyde de carbone. Elles sont idéales pour les pièces dans lesquelles nous séjournons pendant de longues périodes.

Pflanzen produzieren Sauerstoff und verbrauchen Kohlendioxyd. Sie sind ideal für geschlossene Zimmer, in denen wir uns lange aufhalten.

Planten geven zuurstof af en nemen tegelijkertijd kooldioxide op. Ze zijn ideaal voor kamers waar we veel verblijven.

© José Luis Hausmann

204

Do not move plants often because they adapt to their environment and are very susceptible to changes.

Ne déplacez pas les plantes trop régulièrement. Ces organismes s'acclimatent en effet à l'endroit où ils sont installés et sont sensibles aux changements.

Verändern Sie den Standort der Pflanzen nicht zu oft, da sie sich an den Platz gewöhnen und gegenüber Veränderungen sehr empfindlich sind.

Verplaats planten zo weinig mogelijk, omdat ze zich aan hun plek aanpassen en zeer gevoelig voor veranderingen zijn.

© Montse Garriga

205

Daffodils should first be placed in hot water before putting them into the vase.

Les narcisses apprécient d'être trempés dans de l'eau très chaude avant d'être déposés dans le vase.

Narzissen sind dankbar, wenn man ihre Stile unter sehr heißes Wasser hält, bevor man sie in die Vase stellt.

Narcissen doen het goed als u ze eerst in heel warm water zet alvorens ze in de vaas te plaatsen.

When you are preparing a bouquet of daffodils mixed with other flowers, be careful with the mucus that secretes their stems because it may harm other flowers if they come into contact. In this case, it would be better to keep them in water for a day before using them.

Lorsque vous devez préparer un bouquet de narcisses combinés à d'autres fleurs, prenez garde à la mucosité secrétée par leurs tiges car cette substance peut abîmer les autres fleurs en cas de contact. Le cas échéant, mieux vaut les conserver une journée dans l'eau avant de les utiliser.

Wenn Sie Narzissen mit anderen Blumen zu einen Strauß binden, achten Sie auf den Schleim, den ihre Stiele aussondern, weil sie andere Blumen schädigen können, wenn sie mit ihnen in Berührung kommen. In diesem Fall ist es besser, sie vor der Verwendung einen Tag lang in Wasser aufzubewahren.

Als u een bos narcissen combineert met andere bloemen, kijk dan uit met het slijm dat de stelen afscheiden, omdat andere bloemen kunnen beschadigen als ze daarmee in aanraking komen. In dat geval is het beter om de narcissen gedurende een dag in water te laten staan alvorens ze te combineren.

207

Invest in a pedestal; they are perfect for making low plants more visible, or they are also suitable for hanging plants.

Les piédestaux sont idéals pour y déposer des plantes basses qui seront rendues plus visibles. Les plantes tombantes seront également mises en valeur sur ce genre de structure.

Entscheiden Sie sich für einen Blumenständer. Er ist perfekt, um niedrige Pflanzen auf eine sichtbarere Höhe zu bringen. Hängepflanzen machen sich auch sehr gut.

Kies voor een sokkel: perfect om lage planten op een goed zichtbare hoogte te zetten. Hangplanten zijn ook een goede optie.

© Christophe Dugied

208

Do not buy tropical plants if you cannot be sure of a certain degree of humidity.

N'achetez pas de plantes tropicales lorsqu'un certain taux d'humidité ambiante ne peut pas être garanti.

Kaufen Sie keine tropischen Pflanzen, wenn Sie nicht für einen gewissen Feuchtigkeitsgrad in der Umgebung garantieren können.

Koop geen tropische planten als u niet kunt garanderen dat er een bepaalde vochtigheidsgraad is.

© Richard Powers

209

Plants that require a lot of light should be placed beside a window. Cactus or succulent plants are ideal.

Les plantes avides de lumière sont idéales pour être placées à côté d'une fenêtre. Les cactus ou les crassulacées sont parfaits pour ces endroits.

Pflanzen, die viel Licht brauchen, kann man gut an ein Fenster stellen. Kakteen oder Sukkulenten sind ideal.

Lichtminnende planten zijn ideaal om bij een raam te zetten. Dit kunnen bijvoorbeeld cactussen of vetplanten zijn.

© Andrea Martradona

ECOLOGICAL PROPOSALS FOR GARDENS

Useful ideas for patios with vegetation

Climate and vegetation (irrigation needs)

Climate control. Creating a natural shade

Green roofs and walls

PROPOSITIONS ÉCOLOGIQUES POUR LE JARDIN

Idées utiles pour les cours vertes

Climat et végétation (besoins d'arrosage)

Contrôle climatique. Création d'ombre naturelle

Toitures vertes et murs végétaux

ÖKOLOGISCHE VORSCHLÄGE FÜR DEN GARTEN

Praktische Ideen für begrünte Innenhöfe

Klima und Vegetation (Bewässerung)

Klimakontrolle. Schaffung eines natürlichen Schattens

Begrünte Dächer und Wände

ECOLOGISCHE VOORSTELLEN VOOR DE TUIN

Handige tips voor patio's met begroeiing

Klimaat en begroeiing (besproeiing)

Klimaatbeheersing. Het creëren van natuurlijke schaduw

Groene daken en begroeide muren

USEFUL IDEAS FOR PATIOS WITH VEGETATION

Ecological Proposals For Gardens

An organic and sustainable garden is not difficult to maintain. Your habits and attitudes contribute to its environmental protection and conservation. The main challenge to avoid bad cultivation is the conservation of water, plant protection products and fertilizers.

IDÉES UTILES POUR LES COURS VERTES

Propositions écologiques pour le jardin

Entretenir un jardin écologique et durable n'est pas une tâche difficile si des habitudes et attitudes qui contribuent à la conservation et à la sauvegarde de l'environnement sont adoptées. Le principal défi pour éviter une mauvaise culture réside dans l'économie de l'eau, de produits phytosanitaires et d'engrais.

PRAKTISCHE IDEEN FÜR BEGRÜNTE INNENHÖFE

Ökologische vorschläge für den garten

Einen ökologischen, nachhaltigen Garten zu haben ist nicht schwer, wenn man Gewohnheiten und Verhalten pflegt, die zum Erhalt und zum Schutz der Umwelt beitragen. Die wichtigsten Prinzipien zur Vermeidung einer schlechten Bepflanzung sind die sparsame Verwendung von Wasser, Pflanzenschutzmitteln und Düngemitteln.

HANDIGE TIPS VOOR PATIO'S MET BEGROEIING

Ecologische voorstellen voor de tuin

Het onderhouden van een ecologische en duurzame tuin is niet moeilijk als men gewoontes en attitudes bevordert die bijdragen aan het behoud en de bescherming van het milieu. Het belangrijkste uitgangspunt om op een goede manier te telen is om te besparen op water, gewasbeschermingsmiddelen en kunstmest.

< ARBORÈTUM © Jordi Jové

Opt for species that are attractive at least for two of the four seasons.

Choisissez des espèces attirantes au moins pendant deux saisons sur quatre.

Wählen Sie Arten, die mindestens während zwei der vier Jahreszeiten gut aussehen.

Kies voor soorten die tenminste twee van de vier seizoenen mooi zijn.

ARBORÈTUM © Jordi Jové

211

There are specimens of trees suitable for terraces that do not require you to lift the paving or cause rooting problems, such as the maple or Melia.

Si vous souhaitez posséder un spécimen d'arbre, certaines espèces, qui ne soulèvent pas les revêtements de sol et ne présentent aucun problème de racines, s'adaptent parfaitement aux terrasses (l'érable ou le margousier, par exemple).

Wenn Sie einen Baum pflanzen möchten, gibt es Arten, die für Terrassen geeignet sind und weder die Pflasterung aufbrechen noch Probleme mit den Wurzeln verursachen, wie Ahorn oder Melia (Zedrach)

Wilt u een exemplaar van een boom planten: er bestaan soorten die geschikt zijn voor terrassen en die de betegeling niet omhoog duwen en geen problemen door de wortels veroorzaken, zoals esdoorn of sering.

—

ARBORÈTUM © Jordi Jové

212

Combine seasonal plants with perennial flowers to achieve green areas all year round.

Kombinieren Sie einjährige Blumen mit immergrünen Pflanzen, damit Sie das ganze Jahr über Grünzonen erhalten.

—

ARBORÈTUM © Jordi Jové

Combinez des plantes de saison avec des fleurs persistantes pour conserver des zones vertes tout au long de l'année.

Combineer planten van het seizoen met bloemen met altijdgroene bladeren, zodat u het hele jaar door groene gedeeltes heeft.

213

Do not focus solely on flowers. They are very attractive but do not last long.

Ne vous focalisez pas uniquement sur les fleurs. Elles attirent beaucoup l'attention mais vivent peu de temps.

Verlassen Sie sich nicht ausschließlich auf die Blüten. Sie fallen auf, aber halten nicht lang.

Let niet te veel op de bloemen. Ze zijn opvallend, maar de bloeitijd is van korte duur.

ARBORÈTUM © Jordi Jové

214

Be careful with the roots of some trees that can damage the pipes, pools or require pavements to be lifted.

Prenez garde aux racines de certains arbres qui peuvent endommager les tuyauteries, les piscines ou soulever les revêtements de sol.

Vorsicht mit den Wurzeln einiger Bäume, die Rohrleitungen oder Schwimmbecken schädigen oder Pflasterungen aufbrechen können.

Wees voorzichtig omdat de wortels van sommige bomen het buizenstelsel of het zwembad kunnen beschadigen of de betegeling naar boven kunnen duwen.

© Shania Shegedyn

215

Choose furniture with resistant materials such as synthetic fibers, teak or aluminum.

Wählen Sie Mobiliar aus widerstandsfähigem Material wie Synthetikfasern, Teak oder Aluminium.

Choisissez du mobilier fabriqué à partir de matériaux résistants comme les fibres synthétiques, le teck ou l'aluminium.

Kies voor meubilair van resistente materialen zoals synthetische vezels, teakhout of aluminium.

ARBORÈTUM © Jordi Jové

216

Do not think you cannot have a beautiful terrace garden if you live in the city. It will be a haven of peace.

Ne renoncez pas à une belle terrasse arborée même si vous vivez en ville. Elle vous donnera toujours un moment de répit.

Verzichten Sie nicht auf eine hübsche begrünte Terrasse, auch wenn Sie in der Stadt wohnen. Sie verschafft Ihnen immer eine Atempause.

Ook al woont u in de stad, dan kunt u toch van een fraai, als tuin aangelegd terras genieten. Dit kan een mooi rustpunt zijn.

ARBORÈTUM © Jordi Jové

For privacy and to hide from the prying eyes of neighbors, install a wooden or iron latticework and let some climbing plants grow. Another option is the use of tall plants or shrubs.

Pour jouir d'intimité et vous libérez des regards indiscrets des voisins, installez des treillages en bois ou en fer et laissez-y pousser des plantes grimpantes. Une autre solution consiste à faire pousser des plantes hautes ou des arbustes.

Für Privatheit und gegen indiskrete Blicke der Nachbarn bringen Sie Jalousien aus Holz oder Eisen an und lassen Sie Kletterpflanzen wachsen. Eine weitere Möglichkeit sind hohe Pflanzen oder Sträucher.

Voor meer privacy en om inkijk te voorkomen kunt u houten of ijzeren jaloezieën installeren en daar klimplanten tegenaan laten groeien. Een andere optie zijn hoge planten of struiken.

ARBORÈTUM © Jordi Jové

218

Fabrics also have to be durable. Choose those that are resistant to sun and rain.

Les tissus doivent également être résistants. Optez pour des tissus qui résistent au soleil et à la pluie.

Die Stoffe müssen ebenfalls haltbar sein. Suchen Sie welche aus, die gegen Sonne und Regen widerstandsfähig sind.

Weefsels kunnen ook duurzaam zijn. Kies stoffen die bestand zijn tegen zon en regen.

© KETTAL

219

Before planting, you must know the color of the flower, the flowering period and plant height.

Avant de planter, il importe de connaître la couleur des fleurs, l'époque de floraison et la hauteur des plantes.

Vor dem Pflanzen muss man die Farbe der Blumen, die Blütezeit und die Höhe der Pflanzen kennen.

Voordat u gaat planten moet u weten welke kleur de bloemen hebben, wat de bloeiperiode is en hoe groot de planten worden.

ARBORÈTUM © Jordi Jové

220

With annual plants you will achieve an immediate effect; you can fill gaps or play around with color combinations to change the style of your terrace.

Les plantes annuelles donnent un effet immédiat. Elles permettent de combler les trous ou de faire des essais de couleur pour modifier l'aspect de votre terrasse.

Mit einjährigen Pflanzen erhalten Sie eine sofortige Wirkung, Sie können Lücken schließen oder Farbproben durchführen, um das Aussehen Ihrer Terrasse zu verändern.

Met eenjarige planten krijgt u een onmiddellijk effect: u kunt er leemtes mee opvullen of kleurproeven doen om de aanblik van uw terras te veranderen.

ARBORÈTUM © Jordi Jové

221

Annual plants have a long flowering period and provide color.

Las plantes annuelles possèdent une longue floraison et donnent de la couleur à l'espace.

Einjährige Pflanzen haben eine lange Blütezeit und sind farbenfroh.

Eenjarige planten hebben een lange bloeiperiode en geven kleur.

ARBORÈTUM © Jordi Jové

222

A canopy will give you shade in the summer and protect you from stormy weather in winter. There are many options on the market that will suit your tastes and needs.

Un store extérieur vous apportera de l'ombre en été et vous protégera des intempéries en hiver. Le marché propose de nombreux choix qui s'adapteront à vos goûts et vos besoins.

Eine Markise gibt im Sommer Schatten und schützt vor den Unbilden des Wetters im Winter. Es gibt zahlreiche Modelle zu kaufen, die Ihrem Geschmack und Ihren Bedürfnisse entsprechen.

Een zonnescherm biedt schaduw in de zomer en beschermt tegen slechte weersinvloeden in de winter. Er zijn veel keuzes op de markt en u vindt gegarandeerd iets wat voldoet aan uw wensen en behoeften.

ARBORÈTUM © Jordi Jové

223

If the terrace has stairs, you can place annual or seasonal plants in pots on the steps, as long as they are in the sun.

Si votre terrasse est pourvue d'un escalier, placez des plantes annuelles ou de saison cultivées en pot sur les marches, à condition que ces dernières soient illuminées par le soleil.

Wenn die Terrasse Treppen hat, kann man einjährige Pflanzen in Blumentöpfen auf die Stufen stellen, vorausgesetzt, dass sie Sonne haben.

Als u een terras met een trap heeft, dan kunt u op de treden eenjarige of seizoensplanten in potten zetten, mits ze zon krijgen.

© Jordi Jové

224

A group of pots in a corner can be a beautiful focal point.

Un groupe de pots placé dans un coin peut constituer un magnifique point central.

Eine Gruppe von Blumentöpfen in einer Ecke kann ein schöner Blickfang sein.

Een groep potten in een hoek kan een mooi aandachtspunt zijn.

ARBORÈTUM © Jordi Jové

225

You can make mounds or position stones to divide the space into zones.

Vous pouvez créer des collines ou placer des pierres pour découper l'espace en zones.

Man kann Hügel errichten oder Steine setzen, um den Platz zu unterteilen.

U kunt heuveltjes maken of stenen plaatsen om de ruimte in zones in te delen.

226

Informal enclosures are not suited to small terraces as they may further reduce the space even with well-pruned foliage.

Les haies non entretenues ne s'adaptent pas aux petites terrasses puisqu'elles peuvent donner la sensation de réduire l'espace avec leur feuillage non taillé.

Formlose Hecken sind für kleine Terrassen ungeeignet, da sie den Platz mit ihrem unbeschnittenen Laub noch mehr einschränken.

Informele afscheidingen zijn niet geschikt voor kleine terrassen, aangezien ze de ruimte nog kleiner maken met hun ongesnoeide takken.

ARBORÈTUM © Jordi Jové

227

If the terrace is wide enough you can play with different levels or create small groups of flowers of the same color.

Si la terrasse est suffisamment grande, vous pouvez jouer avec différents niveaux ou créer de petits groupes de fleurs d'une même couleur.

Wenn die Terrasse groß genug ist, kann man mit Höhenunterschieden spielen oder kleine Gruppen mit Blumen derselben Farbe bilden.

Is het terras groot genoeg, dan kunt u spelen met verschillende groottes, of kleine groepen bloemen met dezelfde kleur bij elkaar zetten.

ARBORÈTUM © Jordi Jové

228

Install a hammock somewhere.

Installez un hamac dans un coin.

Stellen Sie in einer Ecke eine Liege auf.

Plaats een hangmat in een bepaalde hoek.

229

If you choose a focus point of tulips, do not plant anything around them as the effect would lose appeal.

Si vous optez pour un point d'attraction à base de tulipes, ne plantez rien de plus autour au risque d'en atténuer l'effet.

Wenn Sie sich für einen Blickfang mit Tulpen entscheiden, pflanzen Sie nichts weiter darum herum, da er sonst an Wirkung verlieren würde.

Als u kiest voor een aandachtspunt op basis van tulpen, plant er dan niets omheen, omdat anders het effect teniet wordt gedaan.

CLIMATE AND VEGETATION (IRRIGATION NEEDS)

Ecological Proposals For Gardens

When choosing plants you should select those that suit the climate and soil of the garden. Each climate has its appropriate vegetation and each garden has its microclimate. Light, temperature, rainfall, humidity and winds are all climatic-environmental factors that will influence the choice of plants.

CLIMAT ET VÉGÉTATION (BESOINS D'ARROSAGE)

Propositions écologiques pour le jardin

À l'heure de faire son choix, il convient de sélectionner des plantes qui s'adaptent au climat et au sol du jardin. Chaque climat possède sa végétation idéale et chaque jardin possède ses microclimats. La lumière, les températures, la pluie, l'humidité et les vents sont des facteurs climatiques et environnementaux qui ont une influence sur le choix des plantes

KLIMA UND VEGETATION (BEWÄSSERUNG)

Ökologische vorschläge für den garten

Wenn man Pflanzen aussucht, sollte man diejenigen wählen, die dem Klima und dem Boden des Gartens entsprechen. Jedes Klima hat seine entsprechende Vegetation und jeder Garten hat sein eigenes Mikroklima. Licht, Temperatur, Regen und Wind sind Klima- und Umweltfaktoren, die die Auswahl der Pflanzen beeinflussen.

KLIMAAT EN BEGROEIING (BESPROEIING)

Ecologische voorstellen voor de tuin

Bij het uitzoeken van de planten moet men kiezen voor soorten die zich aanpassen aan het klimaat en aan de grond van de tuin. Ieder klimaat heeft zijn eigen vegetatie en elke tuin zijn eigen microklimaten. Licht, temperatuur, regenval, vocht en wind zijn klimaat- en omgevingsfactoren die de keuze voor de planten beïnvloeden.

< ARBORÈTUM © Jordi Jové

230

To learn to water properly you need to be observant and learn from your mistakes.

Pour apprendre à arroser, il faut être très observateur et tirer des enseignements des erreurs commises.

Um richtig gießen zu lernen, muss man viel beobachten und aus Fehlern lernen.

Om te leren de tuin te bevloeien, moet u goed observeren en leren van fouten.

231

Do not overdo it with water because you'll be wasting a scarce resource.

N'arrosez pas excessivement au risque de gaspiller une ressource limitée.

Verbrauchen Sie nicht zu viel Wasser, sonst verschwenden Sie ein knappes Gut.

Geef de planten niet teveel water omdat u anders een schaars goed verspilt.

232

Pay attention to dry winds because they dry out the species and more irrigation will be required.

Prêtez attention aux vents secs. Ces derniers déshydratent les espèces et impliquent un arrosage plus fréquent.

Achten Sie auf trockene Winde, denn diese trocknen die Pflanzen aus und man muss mehr gießen.

Houd er rekening mee dat droge wind de planten kan uitdrogen en dat extra water geven daarom nodig is.

233

If the soil is clayey it will have a better capacity to retain water.

Un sol argileux a tendance à retenir plus facilement l'eau.

Wenn der Boden lehmig ist, kann er mehr Wasser zurückhalten.

Als de bodem kleihoudend is, is de capaciteit om water vast te houden groter.

234

Large specimens or those with abundant leaves tend to require more irrigation.

Les grand spécimens ou à feuillage abondant ont tendance à avoir besoin d'un arrosage plus important.

Große Exemplare oder welche mit viel Blattwerk müssen meistens öfter gegossen werden.

Grote exemplaren of soorten met veel blad hebben meer water nodig.

235

Potted plants need more watering than those planted in the ground.

Les plantes en pot requièrent un arrosage plus régulier que les plantes poussant au sol.

Topfpflanzen muss man öfter gießen, als diejenigen, die im Boden wachsen.

Planten in potten hebben meer water nodig dan planten in de grond.

236

Do not water in the middle of the day: water is lost through evaporation and droplets on the leaves and flowers in combination with the sun can cause damage owing to the 'magnifying effect".

N'arrosez pas votre jardin pendant les heures chaudes de la journée : l'évaporation entraîne la perte d'eau et les gouttes retombant sur les feuilles et les fleurs, en combinaison avec le soleil, peuvent abîmer la plante sous l'action de l'« effet loupe ».

Gießen Sie nicht während der Mittagszeit. Durch Verdunstung geht Wasser verloren und die Tropfen auf den Blättern und Blüten können in der Sonne durch den «Lupeneffekt» verursachte Schäden hervorrufen.

Sproei niet tijdens de centrale uren van de dag omdat er water verloren gaat door verdamping en de druppels op de bladeren en de bloemen in combinatie met de zon schade kunnen verocrzaken door het «vergrootglas-effect».

237

Do not water according to a schedule or system.

Man darf nicht nach Kalender oder nach System bewässern.

Ne pas arroser sur la base d'un calendrier ou de règles strictes.

Het is niet goed om volgens een kalender of een systeem te sproeien.

238

All species from humid climates require more water than those from dry climates.

Toutes les espèces originaires de climats humides ont besoin d'une plus grande quantité d'eau que les spécimens issus de climats secs.

Alle Arten, die aus feuchten Klimazonen stammen, brauchen mehr Wasser als ein Exemplar, das aus einer trockenen Klimazone kommt.

Alle soorten die oorspronkelijk uit een vochtig klimaat komen, hebben meer water nodig dan soorten uit een droog klimaat.

239

In spring and summer, periods of full activity, water consumption increases.

Au printemps et en été, périodes de pleine activité, la consommation d'eau est plus importante.

Im Frühling und im Sommer - Epochen voller Aktivität - ist der Wasserverbrauch höher.

In het voorjaar en in de zomer, seizoenen met veel plantenactiviteit is het waterverbruik hoger.

240

Be aware of the needs of each plant.

Prenez connaissance des besoins de chaque plante.

Lernen Sie die Bedürfnisse jeder Pflanze kennen.

Ontdek wat de behoeftes zijn van iedere plant.

241

The soil of plant cuttings and newly transplanted plants must be kept moist because they still do not have a well developed root system.

Les boutures et les plantes récemment transplantées doivent impérativement reposer dans une terre humide car leur système radiculaire met un certain temps à se développer.

Ablegern und kürzlich umgesetzten Pflanzen darf es nicht an Feuchtigkeit in der Erde fehlen, weil ihr Wurzelwerk noch nicht gut entwickelt ist.

Stekjes en pas verplantte planten hebben vochtige grond nodig, omdat hun wortelsysteem nog niet goed ontwikkeld is.

242

Remember that timed sprinklers have many advantages.

N'oubliez pas que les avantages du programmateur d'arrosage sont nombreux.

Denken Sie daran, dass ein automatisches Bewässerungssystem viele Vorteile bietet.

Een beregeningsautomaat heeft vele voordelen.

243

You can programme it to water on your choice of weekdays and times.

Sie können es programmieren, damit es genau an den Tagen und zu der Zeit bewässert, die sie möchten.

Vous pouvez le programmer afin qu'il se mette en route les jours de la semaine souhaités et pendant la durée paramétrée à chaque fois.

U kunt deze zo programmeren dat hij precies op de dagen dat u wilt beregent en zo lang als u hem instelt.

244

You will save time and work.

Sie sparen Zeit und Arbeit.

Vous économiserez temps et efforts.

Dit bespaart u tijd en werk.

245

You can schedule irrigation for night or dawn. They are the most favorable hours of the day as less water is lost through evaporation and the pressure of the mains is at its best.

L'arrosage peut être déclenché pendant la nuit ou au lever du jour. Il s'agit des heures les plus favorables en raison du fait que la perte d'eau par évaporation est moindre et que la pression régnant dans le réseau est plus élevée.

Sie können die Bewässerung für die Nacht oder den frühen Morgen programmieren. Das sind die besten Stunden, da man weniger Wasser durch Verdunstung verliert und man den Wasserdruck im Leitungsnetz besser nutzen kann.

U kunt de beregening programmeren voor 's nachts of in de vroege ochtend. Dat zijn de beste tijdstippen, aangezien er dan minder water verdampt en er meer druk in de waterleiding is.

—

246

Similarly, if the plant is in its flowering period it will need extra water.

Auch wenn die Pflanze blüht, braucht sie extra Wasser.

—

De même, si la plante se trouve en période de floraison, celle-ci a besoin d'un apport supplémentaire en eau.

Planten in de bloeiperiode hebben ook een extra toevoer van water nodig.

247

If you want to plant a palm tree or a hedge to grow faster, and you will need to water it frequently.

Si vous voulez qu'un palmier ou qu'une haie pousse plus rapidement, arrosez et alimentez régulièrement ces espèces en engrais.

Wenn Sie möchten, dass eine Palme oder eine Hecke schnell wächst, müssen Sie sie oft gießen und düngen.

Wilt u dat een palmboom of haag sneller groeit, dan moet u hem vaker water geven en bemesten.

© GARDENA

248

Controlled irrigation will avoid the risk of excess water.

L'arrosage contrôlé vous permettra d'éviter l'apport excessif d'eau.

Durch kontrollierte Bewässerung vermeiden Sie das Risiko von Wasserüberschuss.

Door een gecontroleerde bevloeiing voorkomt u het risico dat er te veel wordt bewaterd.

© GARDENA

249

Avoid long-lasting waterlogging.

Évitez les accumulations d'eau prolongées.

Vermeiden Sie Wasserstaus über längere Zeit.

Voorkom dat er lange tijd plassen blijven liggen.

© Steffen Jänicke

250

If there is excess water, the roots can become suffocated and rot due to a lack of oxygen.

L'excès d'eau asphyxie les racines et les pourrit pour cause de manque d'oxygène.

Wenn es zu viel Wasser gibt, können die Wurzeln ersticken und wegen Sauerstoffmangel verfaulen.

Bij teveel water kunnen de wortels verstikken en verrotten door zuurstofgebrek.

© GARDENA

251

There is automatic irrigation suitable for all demands: sprinklers, sprays, drip irrigation, porous bands, micro-sprinklers and underground irrigation.

Il existe un système d'arrosage automatique adapté à tout type d'émetteurs : asperseurs, diffuseurs, goutte à goutte, tuyaux d'arrosage poreux, micro-asperseurs et irrigation souterraine.

Es gibt automatische Bewässerungssysteme, die für alle Arten von Spendern geeignet sind: Rasensprenger, Zerstäuber, Tropfbewässerung, Exsudationsschläuche, Mikrobewässerung und Unterflurbewässerung.

Er bestaan automatische beregeningsinstallaties die geschikt is voor alle soorten systemen: sproeiers, diffusors, druppelslang, poreuze slang, micro-sproeiers en ondergrondse bevloeiing.

252

Roots also develop superficially and do not go any deeper to look for water. This makes them more susceptible to drought.

Les racines ont également tendance à se développer en surface et ne vont pas chercher l'eau présente dans les profondeurs du sol. Ce phénomène les rend plus sensibles en cas de sécheresse.

Die Wurzeln entwickeln sich auch oberflächlicher und wachsen nicht mehr in die Tiefe, um Wasser zu suchen. Das macht sie bei Trockenheit empfindlicher.

Ook ontwikkelen de wortels zich meer aan de oppervlakte, omdat ze niet dieper groeien op zoek naar water. Dat maakt ze gevoeliger voor droogte.

253

Excess water helps the spread of weeds.

Das Übermaß an Wasser unterstützt die Vermehrung von Unkraut.

L'excès d'eau favorise la prolifération de mauvaises herbes.

Door een teveel aan water wordt de woekering van onkruid versterkt.

254

Remember that rain water is the best form of irrigation.

N'oubliez pas que la meilleure eau est celle de la pluie.

Denken Sie daran, dass Regenwasser das beste Wasser ist.

Vergeet niet dat regenwater het beste water is.

© Kris Vandamme

CLIMATE CONTROL. CREATING A NATURAL SHADE

Ecological Proposals For Gardens

Climbing plants and shrubs or vines are a group of very interesting and useful plants if you want to create a pleasant shade. Some grow very fast, an excellent choice if you want to cover an arch, a column or a porch in a short time.

CONTRÔLE CLIMATIQUE. CRÉATION D'OMBRE NATURELLE

Propositions écologiques pour le jardin

Les plantes grimpantes, les plantes volubiles ou les arbustes grimpants font partie d'un groupe de plantes fort intéressant et utile si l'on souhaite créer une zone ombragée agréable. Certaines espèces poussent très rapidement, fait particulièrement intéressant lorsque l'on souhaite couvrir une arche, une colonne ou un porche en un temps record.

KLIMAKONTROLLE. SCHAFFUNG EINES NATÜRLICHEN SCHATTENS

Ökologische vorschläge für den garten

Kletterpflanzen, Schlingpflanzen oder Rankengewächse sind sehr interessante und nützliche Pflanzen, die einen angenehmen Schatten spenden. Manche wachsen sehr schnell, ein sehr interessanter Umstand, wenn man innerhalb kurzer Zeit einen Bogen, eine Säule oder eine Veranda begrünen möchte.

KLIMAATBEHEERSING. HET CREËREN VAN NATUURLIJKE SCHADUW

Ecologische voorstellen voor de tuin

Klimplanten, klimplanten of klimstruiken vormen een interessante en zeer nuttige plantengroep voor het creëren van aangename schaduw. Sommige soorten groeien erg snel, wat handig is als men in korte tijd een boog, zuil of galerij wil laten begroeien.

< © Ian Bradshaw

255

In tropical climates palm leafs are used to cover roofs. If done properly, they can can last for 30-50 years.

La feuille de palmier est utilisée dans les climats tropicaux pour couvrir les toits. Bien utilisées, elles peuvent vivre de 30 à 50 ans.

In tropischem Klima werden die Dächer mit Palmblättern gedeckt. Wenn man es richtig macht, können sie 30 bis 50 Jahre halten.

In tropische klimaten wordt gebruik gemaakt van palmbladeren om het dak mee te bedekken. Als dit goed gedaan wordt kan zo'n dak 30 tot 50 jaar mee.

© Pere Planells

256

Go for weatherproof pergolas.

Optez pour des pergolas qui résistent aux intempéries.

Wählen Sie wetterfeste Pergolas.

Kies voor pergola's die bedoeld zijn voor de open lucht.

© Ricardo Labougle

257

In one corner of the garden, in the porch or terrace, install a pergola or latticework with vines to create a shaded zone.

Dans un coin du jardin, sous le porche ou sur la terrasse, installez une pergola ou des treillages agrémentés de plantes grimpantes pour créer une zone d'ombre.

Bringen Sie in einer Gartenecke, auf der Veranda oder auf der Terrasse eine Pergola oder Jalousien mit Kletterpflanzen an, um einen Schattenplatz zu schaffen.

Installeer een pergola of jaloezeën met klimplanten in een hoekje van de tuin, onder de galerij of op een terras, om schaduw te creëren.

© Martin Eberle

258

Avoid excess moisture in the air and soil as this can attract pests.

Man muss zu viel Feuchtigkeit in der Luft und im Boden vermeiden, da diese das Auftauchen von Insektenplagen hervorrufen könnte.

Évitez l'excès d'humidité dans l'air et au sol au risque d'entraîner l'apparition d'insectes.

Voorkom een teveel aan vocht in de lucht en de grond, aangezien dat het ontstaan van plagen kan veroorzaken.

© Melba Levick

259

Swap conventional irrigation for sprinkler systems.

Verwenden Sie keine Sprinkleranlage.

Supprimez l'arrosage par aspersion.

Vermijd het bewateren door sproeien.

© Melba Levick

260

Do not sacrifice one of the greatest pleasures that the good weather provides us with: eating outdoors.

Ne renoncez pas à l'un des plus grands plaisirs qui nous ait offert par le beau temps : manger en plein air.

Verzichten Sie nicht auf eines der schönsten Vergnügen, die uns schönes Wetter ermöglicht: Im Freien zu essen.

Zie niet af van een van de heerlijkste dingen van mooi weer: buiten eten.

© Philippe Saharoff

261

If climbing plants do not attach themselves, secure them with string to a support wire as they grow.

Si la plante grimpante n'arrive pas à s'accrocher d'elle-même à la structure, fixez-la sur un support de fils de fer à mesure qu'elle grandit à l'aide de cordes.

Wenn sich die Kletterpflanze nicht selbst festklammert, befestigen Sie sie in dem Maß, in dem sie wächst, mit Seilen an einer Drahtstütze.

Als de klimplant niet zelf hecht, bind hem dan, naarmate hij groeit, met touw aan een steun van ijzerdraad.

© Melba Levick

A pergola with a vine will help you create natural shade. You will also create an intimate area protected from the sun.

Une pergola agrémentée d'une plante grimpante vous aidera à créer une zone d'ombre naturelle. En outre, vous bénéficierez d'un espace intime à l'abri du soleil.

Eine Pergola mit einer Kletterpflanze hilft dabei, natürlichen Schatten zu erzeugen. Zudem verfügen Sie damit über einen intimen, sonnengeschützten Platz.

Een pergola met een klimplant helpt om natuurlijke schaduw te creëren. Zo beschikt u bovendien over een gezellig hoekje, beschut tegen de zon.

The pergola should follow the same style as the housing, with materials and forms that are consistent with the architecture of the ensemble. You will achieve a perfect visual continuity between the interior and exterior.

Faites en sorte que la pergola respecte le style du logement, en utilisant des matériaux et des formes en accord avec l'architecture de l'ensemble. Vous obtiendrez ainsi une parfaite continuité visuelle entre l'intérieur et l'extérieur.

Sorgen Sie mit Materialien und Formen, die der Architektur des Ensembles entsprechen, dafür, dass die Pergola zum Stil des Hauses passt. Sie erhalten dadurch einen perfekten optischen Zusammenhang von Innen- und Außenbereichen.

Probeer zo mogelijk dat de pergola de stijl van de woning aanhoudt, met materialen en vormen die overeenstemmen met de architectuur van het geheel. Zo krijgt u een perfecte visuele continuïteit tussen binnen en buiten.

© Melba Levick

264

Although the most common reasons is to use plants for the decoration of a pergola, there are other options such as heather or canes.

Bien que la méthode la plus courante consiste à faire appel à des motifs végétaux pour l'ornementation d'une pergola, il existe d'autres solutions comme les rouleaux de bruyère ou de roseau.

Obwohl es üblich ist, für die Verzierung einer Pergola auf Pflanzen zurückzugreifen, gibt es weitere Möglichkeiten wie Matten aus Heidekraut oder Rohrgeflecht.

Hoewel het gebruikelijk is om terug te vallen op plantenmotieven voor de decoratie van een pergola, zijn er nog andere opties zoals heide- of rietmatten.

© Ricardo Labougle

265

A pergola crossing the middle of a long, narrow garden will create a garden with two separate settings.

Si votre pergola est traversée en son centre par un jardin allongé et étroit, vous réussirez à créer un espace possédant deux ambiances séparées.

Wenn Sie die Pergola so anbringen, dass sie in einen langen, schmalen Garten hineinragt, schaffen Sie einen Garten mit zwei getrennten Bereichen.

Als u een pergola midden in een lange tuin aanlegt creëert u een tuin met twee verschillende entourages.

© Ian Bradshaw

266

The simplest option in pergolas is a vine covering, using vines or other climbing plants such as bougainvillea, roses and jasmine.

Le plus simple pour les pergolas consiste à installer une treille, en utilisant des vignes ou toute autre plante grimpante comme les bougainvilliers, les roses ou les jasmins.

Am einfachsten für eine Pergola ist eine Laube, für die man Weinranken oder andere Kletterpflanzen wie Bougainvillea, Rosen oder Jasmin verwendet.

Het eenvoudigst bij pergola's is om er klimplanten tegenaan te laten groeien, bijvoorbeeld wingerd of andere soorten zoals bougainvilles, rozen of jasmijn.

Select the vine that best suits your needs and the characteristics of your land. Depending on the amount of shade that you require choose climbers with more or less dense foliage.

Sélectionnez la plante grimpante qui répond le mieux à vos besoins et aux caractéristiques de votre terrain. En fonction de la quantité d'ombre que l'on souhaite obtenir, on optera pour des plantes grimpantes à feuillage plus ou moins dense.

Wählen Sie die Schlingpflanze, die sich am besten an Ihre Bedürfnisse und an die Charakteristiken Ihres Terrains anpasst. Anhängig von der Schattenmenge, die wir möchten, wählen wir Kletterpflanzen mit mehr oder weniger dichtem Blattwerk.

Kies de klimplant die het beste overeenkomt met uw wensen en met de kenmerken van het terrein. Afhankelijk van hoeveel schaduw u wilt, kunt u klimplanten met dicht of minder dicht gebladerte kiezen.

© Ricardo Labougle

268

Some species grow slowly, and can take up to three or four years to cover the pergola. To avoid leaving it exposed, you can place hanging flowerpots.

Certaines espèces grimpantes possèdent une croissance lente et peuvent mettre de 3 à 4 ans pour recouvrir une pergola. Pour éviter de la laisser à découvert, vous pouvez y suspendre des pots.

Manche Arten von Kletterpflanzen wachsen langsam und brauchen bis zu drei oder vier Jahren, bis sie die Pergola bedecken. Um zu vermeiden, dass diese unbedeckt bleibt, können Sie Blumentöpfe aufhängen.

Sommige klimplanten groeien maar langzaam en het kan wel drie tot vier jaar duren voordat ze de pergola bedekken. Om te voorkomen dat de pergola te open is kunt u bloempotten ophangen.

© Pere Planells

269

Remember that if you opt for cane it will last approximately a year or so, as it will decompose over time.

N'oubliez pas que le roseau ne dure qu'environ un an. Cette matière se décompose en effet avec le temps.

Wenn Sie Rohrgeflecht verwenden, denken Sie daran, dass dieses ungefähr ein Jahr lang hält, da es sich mit der Zeit auflöst.

Als u kiest voor riet, vergeet dan niet dat dat ongeveer een jaar meegaat, omdat het mettertijd verteert.

270

Choose trees with a wide crown to achieve shade in the garden.

Choisissez des arbres possédant une cime étendue pour créer des zones d'ombre dans le jardin.

Wählen Sie Bäume mit umfangreicher Krone aus, um Schattenplätze im Garten zu erhalten.

Kies bomen met een brede kroon om schaduwzones in de tuin te laten ontstaan.

© Guy Obijn

271

You can install a simple electrical system which enables you to enjoy your pergola at night and provide greater warmth.

Mettez en place une installation électrique simple qui vous permettra de profiter de votre pergola en soirée et qui apportera davantage de chaleur.

Sie können durch eine einfache Elektroinstallation, die auch mehr Wärme bringt, Ihre Pergola auch nachts nutzen.

U kunt een eenvoudige elektrische installatie maken zodat u 's avonds van uw pergola kunt genieten en voor meer warmte.

© Melba Levick

GREEN ROOFS AND WALLS

Ecological Proposals For Gardens

The combination of construction and vegetation has always been attractive. The earliest example known in the gardens of Babylon. Their main functions are to protect the roof compensate for changes in the temperature, absorb ambient noise and retain rainfall.

TOITURES VERTES ET MURS VÉGÉTAUX

Propositions écologiques pour le jardin

Le mariage entre construction et végétation a toujours donné des résultats surprenants. L'exemple le plus ancien remonte aux jardins de Babylone. Leurs principales fonctions consistent à protéger la couverture du toit, à compenser les changements de température, à absorber le bruit ambiant et à retenir les précipitations.

BEGRÜNTE DÄCHER UND WÄNDE

Ökologische vorschläge für den garten

Die Verbindung von Architektur und Vegetation ist von jeher attraktiv. Das früheste bekannte Beispiel befindet sich in den Gärten von Babylon (die Hängenden Gärten der Semiramis). Ihre Hauptfunktionen bestehen darin, das Dach zu schützen, Temperaturveränderungen zu kompensieren, Umgebungslärm zu dämpfen und Niederschläge aufzufangen.

GROENE DAKEN EN BEGROEIDE MUREN

Ecologische voorstellen voor de tuin

De combinatie van constructie en begroeiing is aantrekkelijk. Het oudste voorbeeld daarvan waren de tuinen van Babylonië. De belangrijkste functies waren het beschermen van het dak, het compenseren van temperatuurschommelingen, absorberen van het lawaai van de omgeving en het vasthouden van neerslag.

< © John von Tiedemann

272

Green roofs or expanses reduce the island effect heat of large cities.

Les toitures ou toits verts diminuent l'effet d'îlot de chaleur dans les grandes villes.

Grüne Decken oder Dächer reduzieren den Wärmeinsel-Effekt der Großstädte.

Groene daken verminderen het warmte-eilandeffect van grote steden.

273

Green expanses help reduce the temperature of the home.

Les toitures végétales favorisent la diminution de la température au sein du logement.

Begrünte Dächer tragen dazu bei, die Temperatur im Haus zu senken.

Begroeide daken helpen om de temperatuur van de woning te verlagen.

© Ian Bradshaw

274

These roofs allow for rainwater management and reduce energy costs.

Ces terrasses-toitures permettent la gestion de l'eau de pluie et la réduction des coûts énergétiques.

Diese Dächer ermöglichen die Nutzung des Regenwassers und die Verringerung von Energiekosten.

Deze daken maken het mogelijk om regenwater te beheren en de energiekosten te verlagen.

© Ian Bradshaw

275

A roof receives 100% of the hours of sunlight a day.

Ein Flachdach empfängt 100% der Sonnenstunden.

Une toiture plate reçoit 100 % des heures d'ensoleillement de la journée.

Een plat dak ontvangt 100% van de zonne-uren per dag.

276

In summer, the strongest of the day hit the roof in perpendicular way.

En été, les rayons qui frappent la surface lors des périodes de plus forte irradiance le font de manière très perpendiculaire.

Im Sommer fallen die Strahlen in den Augenblicken der maximalen Strahlungsstärke senkrecht ein.

In de zomer vallen de stralen loodrecht op het dak op tijdstippen met de maximale straling.

—

© Bernd Hartung

277

Green expanses need some maintenance.

Les toitures végétales ont besoin d'un véritable entretien.

Begrünte Dächer benötigen eine gewisse Wartung.

Begroeide daken vereisen een zeker onderhoud.

—

© Rupert Steiner

278

Green roofs are a good choice for growing fruit, vegetables and flowers.

Gründächer bieten eine gute Gelegenheit, Obst, Gemüse und Blumen zu ziehen.

Les toits verts représentent une excellente option pour cultiver des fruits, des légumes et des fleurs.

Groene daken zijn een goede optie voor het kweken van fruit, groente en bloemen.

© Ian Bradshaw

279

Remember that green roofs improve the climate control of the building.

Gardez à l'esprit que les toitures vertes améliorent la climatisation du bâtiment.

Denken Sie daran, dass begrünte Dächer die Klimatisierung des Gebäudes verbessern.

Onthoud dat groene daken de luchtbehandeling van het gebouw verbeteren.

© Martin Eberle

280

Green expanses prolong the life of the roof of buildings.

Les toitures végétales prolongent la durée de vie du toit des bâtiments.

Pflanzendecken verlängern das Leben der Dächer der Gebäude.

Begroe de daken verlengen de levensduur van het dak van de gebouwen

© George Heinrich

281

These roof expanses are a good option to filter heavy metals from rainwater.

Ce type de toitures est une excellente solution pour filtrer les métaux lourds présents dans l'eau de pluie.

Diese Art von Dächern stellt eine gute Möglichkeit dar, Schwermetalle aus dem Regenwasser zu filtern.

Dit soort daken zijn een goede optie om zware metalen uit het regenwater te filtreren.

© Bernd Hartung

282

They reduce the risk of flooding.

Elles minimisent également le risque d'inondations.

Sie vermindern das Überschwemmungsrisiko.

Ze verminderen het risico op overstromingen.

© Martin Eberle

In busy cities, they act as an acoustic barrier as the soil blocks the low frequency sounds, and plants, the high frequency sounds.

Dans les villes à fort trafic, les toitures végétales jouent le rôle de barrière acoustique : le sol bloque les sons basse fréquence et les plantes retiennent les sons haute fréquence.

In Städten mit viel Verkehr wirken sie als Lärmbarriere, da der Boden Geräusche von niedriger Frequenz blockiert, und die Pflanzen Töne von hoher Frequenz abblocken.

In drukke steden doen ze dienst als geluidsbarrière aangezien de grond geluiden met lage frequentie blokkeert en de planten die met hoge frequentie.

© George Heinrich

284

They protect biodiversity in urban areas, creating a passageway or habitat for birds and microfauna.

Ces toitures préservent la biodiversité des espaces urbains en créant une zone de passage ou d'habitat pour les oiseaux et la microfaune.

Gründächer schützen die Biodiversität der städtischen Gebiete und schaffen einen Durchgangs- oder Lebensbereich für Vögel und Mikrofauna.

Ze beschermen de biodiversiteit in stedelijke zones, doordat er een doortrekzone of habitat voor vogels en microfauna wordt gecreëerd.

© John von Tiedermann

285

It is a sustainable proposal to filter pollutants and CO_2 from the air.

Il s'agit d'une solution durable pour filtrer les agents polluants et le CO_2 de l'air.

Sie stellen eine nachhaltige Möglichkeit dar, Schadstoffe und CO_2 aus der Luft zu filtern.

Ze zijn een duurzaam voorstel voor het filteren van vervuilende elementen en CO_2 uit de lucht.

© George Heinrich

286

The vegetation and substrate retain rainwater contributions so as to reduce runoff.

La végétation et le substrat retiennent les apports pluviaux et, par conséquent, réduisent les eaux de ruissellement.

Die Vegetation und die Tragschicht halten die Niederschläge zurück, so dass das Abfließen verringert wird.

De begroeiing en de grondlaag houden regenwater vast, zodat er minder afvloeit.

© Ian Bradshaw

287

If the roof includes a reservoir system, you can accumulate rainwater for later use.

Si la toiture est équipée d'un système de citerne, l'eau de pluie pourra être stockée pour un usage ultérieur.

Wenn sich auf dem Dach ein Zisternensystem befindet, kann man das Regenwasser für dessen spätere Nutzung sammeln.

Als er op het dak een regenwaterreservoir wordt geïnstalleerd kan er regenwater worden verzameld, om later te benutten.

© Martin Eberle

NEW IDEAS FOR THE URBAN GARDEN

Terraces

Courtyards

Balconies

Indoor gardens

NOUVELLES IDÉES POUR LE JARDIN URBAIN

Terrasses

Cours

Balcons

Jardins intérieurs

NEUE IDEEN FÜR STADTGÄRTEN

Terrassen

Höfe

Balkone

Innengärten

NIEUWE IDEEËN VOOR DE STADSTUIN

Terrassen

Patio's

Balkons

Binnentuinen

TERRACES

New Ideas for the Urban Garden

Terraces are perfect spaces for a small garden. Not only the selected species but also the design of furniture and ornaments are important giving it a unique style. Terraces facing east foster the cultivation of almost everything, as they receive gentle sunlight that does not damage the plants.

TERRASSES

Nouvelles idées pour le jardin urbain

Les terrasses sont des espaces parfaits pour y aménager un petit verger, sur lesquelles les espèces choisies mais également le design du mobilier et les ornements, qui apporteront un style personnel, jouent un rôle fondamental. La terrasse se verra ainsi transformée en un petit jardin agréable et élégant. Les terrasses orientées vers l'est permettent de cultiver la quasi-totalité des espèces, en raison du fait que les rayons du soleil y sont plus faibles et que ces derniers ne provoquent aucun dommage sur les plantes.

TERRASSEN

Neue ideen für stadtgärten

Terrassen eignen sich hervorragend dazu, einen kleinen Garten zu gestalten, in dem nicht nur die gewählten Pflanzenarten sondern auch das Design der Möbel und der dekorativen Gegenstände, die ihm einen eigenen Stil verleihen, eine Rolle spielen. Auf Terrassen, die nach Osten gelegen sind, kann man fast alles pflanzen, da die einfallenden Sonnenstrahlen nicht zu stark sind und die Pflanzen nicht schädigen.

TERRASSEN

Nieuwe ideeën voor de stadstuin

Terrassen zijn de ideale ruimtes om een kleine tuin van te maken, waar niet alleen de uitgekozen plantensoorten belangrijk zijn, maar ook het ontwerp van het meubilair en de versieringen, die er een eigen stijl aan geven. Op terrassen die op het oosten georiënteerd zijn doen bijna alle soorten het goed, doordat de zon er niet te fel is en de planten niet beschadigd raken.

< © Andrea Cochran

Study the land to find out what time the sun sets. In addition to textile awnings, cane awnings can be installed.

Il importe d'étudier le terrain ainsi que les heures d'exposition au soleil. L'installation de roseaux peut venir compléter les stores textiles extérieurs.

Man sollte das Terrain untersuchen und beobachten, um welche Zeit die Sonne einfällt. Außer Markisen aus Stoff kann man Rohrgeflecht anbringen.

Het is raadzaam om op het terras te kijken op welk tijdstip er zon is. Naast zonneschermen van textiel kunt u ook rieten schermen installeren.

ARBORÈTUM © Jordi Jové

289

Make most of unique views and create perspectives with plant or architectural resources.

Les vues remarquables doivent être renforcées et des perspectives doivent être créées au moyen de ressources végétales ou architecturales.

Man sollte einmalige Aussichten verstärken und pflanzlich oder architektonisch interessante Perspektiven schaffen.

Versterk unieke uitzichten en creëer perspectieven met planten of architectonische middelen.

ARBORÈTUM © Jordi Jové

290

Elements separating urban terraces should not go for the wall effect. Never completely try to hide the view.

Les éléments servant de séparation entre les terrasses urbaines et la rue ne doivent pas faire l'effet d'un mur. Ne jamais occulter entièrement les vues.

Trennelemente auf Terrassen sollten nicht wie Mauern wirken. Sie dürfen die Aussicht nie vollständig verbergen.

Afscheidende elementen op stadsterrassen moeten geen muureffect nastreven. Ze mogen het uitzicht nooit helemaal belemmeren.

ARBORÈTUM © Jordi Jové

To remove moss from walls and tiles, scrub with a bristle brush to loosen it and it removes easily. Go over the area with a squeegee or something similar.

Pour éliminer la mousse présente sur les murs et les carreaux, frottez les parties en question à l'aide d'une brosse de crin pour la décoller et l'éliminer facilement. Terminer l'opération en y passant une raclette ou un accessoire similaire.

Mit einer Bürste kann man Moos von Wänden und Fliesen einfach entfernen. Bearbeiten Sie die Stellen mit einem Schaber oder etwas ähnlichem.

Om mos van muren en tegels te verwijderen kunt u ze afboenen met een borstel met varkenshaar, zodat het mos loslaat en u het gemakkelijk kunt verwijderen. Ga de zone vervolgens bij langs met een schraper of soortgelijk gereedschap.

ARBORÈTUM © Jordi Jové

292

Any element exposed to the weather must be tough but you must also care for it to keep its appearance intact.

Tout élément exposé aux intempéries doit être résistant. Il importe toutefois d'en prendre soin et de le protéger pour conserver son aspect d'origine.

Jeder Gegenstand, der dem Wetter ausgesetzt ist, sollte widerstandsfähig sein, aber man muss ihn auch entsprechend pflegen und schützen, damit er sein Aussehen behält.

Ieder willekeurig element dat in de buitenlucht staat moet resistent zijn, maar het moet wel worden onderhouden en op de juiste wijze beschermd worden, zodat het langer meegaat.

ARBORÈTUM © Jordi Jové

293

If the furniture is made of cane or bones apply linseed oil. Wicker and sisal should be cared for with beeswax.

Si le mobilier est en roseau ou en moelle, traitez-le avec de l'huile de lin. Les meubles en osier et en sisal doivent être nourris avec de la cire d'abeille.

Wenn die Möbel aus Rohr oder Bambus sind, behandeln Sie sie mit Leinöl. Möbel aus Rattan oder Sisal tränken Sie mit Bienenwachs.

Als het meubilair van riet of van pitriet is, smeer het dan in met lijnzaadolie. Rieten of sisal meubels kunt u bestrijken met bijenwas.

© José Lluis Hausmann

294

Bear in mind that cane installations are ideal for creating shade structures in terraces and separate areas but, although they are very nice, they can be damaged with water.

La pose de roseaux est idéale pour créer des étendues d'ombre sur les terrasses et séparer les espaces, mais ce matériau, bien qu'il soit très agréable, se détériore au contact de l'eau.

Es ist zu beachten, dass Rohrgeflechte ideal für die Bedeckung von Schattenkonstruktionen auf Terrassen und zur Trennung von verschiedenen Bereichen sind, aber dass sie, auch wenn sie sehr angenehm sind, durch Wasser schlecht werden.

Houd er rekening mee dat het installeren van rietstengels ideaal is om een zonnescherm te spannen op de terrassen en om verschillende zones van elkaar af te scheiden. Hoewel ze erg aangenaam zijn, raken ze wel beschadigd door water.

—

© Jose Luis Hausmann

295

If the stained area has lost color, go over it with silicone red wax.

Si la zone nettoyée a perdu de la couleur, passez-y une couche de cire rouge au silicone.

Wenn die Stelle, an der sich der Fleck befunden hat, Farbe verloren hat, reiben Sie sie mit rotem Silikonwachs ein.

Als de zone waar de vlek zich bevond is ontkleurd, breng er dan wat rode siliconenwas op aan.

—

ARBORÈTUM © Jordi Jové

296

If you have furniture made from natural fiber outside all year and want to keep in good condition, brush it well with salt water and apply a clear varnish so that it retains the texture.

Si du mobilier en fibres naturelles est exposé à l'extérieur pendant toute l'année et que vous souhaitez conserver ces éléments en parfait état, brossez-les énergiquement avec de l'eau salée et appliquez-leur une couche de vernis incolore pour préserver leur texture.

Wenn Sie das ganze Jahr über Möbel aus Naturfaser im Freien stehen haben und sie in gutem Zustand erhalten möchten, bürsten Sie sie gut mit Salzwasser und streichen Sie sie mit einem farblosen Lack, damit sie ihre Textur nicht verlieren.

Heeft u meubelen van natuurvezels die het hele jaar buiten staan en wilt u ze in goede conditie houden, boen ze dan goed af met zout water en breng kleurloze lak aan, zodat ze hun textuur niet verliezen.

© José Lluís Hausmann

297

To clean a cotton or acrylic fabric canopy, take it down from the front bar and clean with a vacuum cleaner on both sides.

Pour entretenir un store extérieur en toile de coton ou en toile acrylique, décrochez-le de la barre avant et nettoyez ses côtés avec un aspirateur.

Um eine Markise aus Baumwolle oder Acryl zu pflegen, hängen Sie sie von der vorderen Stange ab und reinigen Sie sie von beiden Seiten mit einem Staubsauger.

Om een zonnescherm van katoenen of acryldoek goed te onderhouden kunt u het van de voorste ligger laten afhangen en het met een stofzuiger aan beide kanten schoon zuigen.

ARBORÈTUM © Jordi Jové

298

To remove stains left by the pots on the ground rub with a cloth with warm water and soap.

Pour retirer les taches laissées par les pots de fleur sur le sol, frottez-ce dernier avec une lavette imbibée d'eau tiède et de savon neutre.

Um die Flecken, die die Blumentöpfe auf dem Boden hinterlassen, zu entfernen, muss man Sie mit einem Wischlappen mit warmen Wasser und neutraler Seife frottieren.

Om vlekken die bloempotten hebben achtergelaten op de tegels te verwijderen, kunt u de tegels schoonmaken met een doekje met lauw water en natuurlijke zeep.

ARBORÈTUM © Jordi Jové

299

To remove stains on canopies, rub them with a damp, soapy cloth then go over it with a brush.

Pour éliminer les taches présentes sur les stores, astiquez-les avec un linge imbibé d'eau et de savon neutre et frottez la surface avec une brosse.

Um Flecken von den Markisen zu entfernen, reiben Sie sie mit einem feuchten Tuch und neutraler Seife und mit einer Bürste.

Om vlekken van zonneschermen te verwijderen kunt u ze afboenen met een in water en neutrale zeep gedrenkte doek en er vervolgens met een borstel overheen gaan.

ARBORÈTUM © Jordi Jové

300

Every three or four years check the seams of the canopies.

Alle drei bis vier Jahre empfiehlt sich eine Überprüfung der Nähte der Markisen.

Il est conseillé de vérifier les coutures des stores extérieurs tous les trois ou quatre ans.

Het is raadzaam om de naden van het zonnescherm om de drie of vier jaar te controleren.

ARBORÈTUM © Jordi Jové

301

Slate, marble, granite or limestone is the most commonly used for their resistance and beauty. You can choose the polished version for classic environments or rough surfaces or ethnic rustic terraces.

L'ardoise, le marbre, le granit et la pierre calcaire sont les matières les plus utilisées pour leur résistance et beauté. Pour les ambiances classiques, vous pouvez opter pour des pierres polies. Pour les terrasses rustiques ou de style ethnique, portez votre choix sur les pierres à surface rugueuse.

Schiefer, Marmor, Granit oder Kalkstein werden auf Grund ihrer Wetterfestigkeit und Schönheit am meisten verwendet. Sie können sie poliert für klassische Umgebungen wählen oder mit rauer Oberfläche für rustikale oder ethnisch gestaltete Terrassen.

Leisteen, marmer, graniet of kalksteen worden, vanwege hun bestendigheid en schoonheid, het meest gebruikt. U kunt kiezen voor de gepolijste vorm voor klassieke entourages of met een ruw oppervlak voor landelijke of etnische terrassen.

ARBORÈTUM © Jordi Jové

302

If the pot was on a wooden base not on the ground, rub with a cork cover ed in linseed oil.

Si le pot n'était pas posé au sol mais sur une base en bois, frottez celle-ci avec un liège enduit d'huile de lin.

Wenn der Blumentopf nicht auf dem Boden sondern auf einer Holzunterlage gestanden hat, reiben Sie diese mit einem in Leinöl getränkten Korken ein.

Als de pot niet op de grond stond maar op een houten ondergrond, wrijf daar dan overheen met een in lijnzaadolie ingesmeerde kurk.

ARBORÈTUM © Jordi Jové

303

To highlight specific areas you can use white stones or gravel and set on a bench or a pot.

Pour mettre en valeur des zones spécifiques, vous pouvez utiliser des pierres blanches ou des gravillons et installer un banc ou des pots sur la surface créée.

Um bestimmte Stellen hervorzuheben können Sie weiße Steine oder Kies verwenden und darauf eine Bank oder ein paar Blumentöpfe aufstellen.

Om specifieke zones te laten opvallen kunt u witte steentjes of grind gebruiken en daarop een bank of enkele bloempotten te plaatsen.

ARBORÈTUM © Jordi Jové

304

Microcement and concrete and other continuous flooring are perfect for outdoor use. You can choose between polished or rough finishes. The latter is the stamped concrete which is prepared onsite to achieve a uniform, tough and durable coating.

Le béton et le microciment sont deux autres types de revêtements de sol continus parfaits pour l'extérieur. Vous pouvez choisir entre des finitions polies ou rugueuses. La dernière possibilité consiste à faire appel à du béton imprimé, revêtement uniforme résistant et durable élaboré et coulé à l'endroit même de l'emplacement choisi.

Beton und Mikrozement ist eine weitere Art von durchgehendem für Außenbereiche perfekt geeignetem Bodenbelag. Man kann zwischen polierten oder rauen Belägen wählen. Das Neueste ist Pressbeton, der an derselben Stelle hergestellt wird, wo er angebracht wird und eine einheitliche, widerstandsfähige und haltbare Verkleidung ergibt.

Beton of microcement is een ander soort blijvende bestrating, perfect voor buiten. U kunt kiezen tussen gepolijste of ruwe afwerking. Het nieuwste op de markt is bedrukt beton, dat ter plekke wordt gemaakt op de plaats waar het wordt gelegd, voor een uniforme, resistente en duurzame bekleding.

ARBORÈTUM © Jordi Jové

305

When maintaining and repairing the floor do not use cleaning products that are not compatible with the floor material.

Pour entretenir et remettre le sol en état, veillez à ce que les produits de nettoyage ne soient pas incompatibles avec le matériau du revêtement.

Bei der Wartung und Reparatur des Bodens sollte man keine Reinigungsprodukte verwenden, die das Material des Bodenbelags nicht verträgt.

Vermijd bij het onderhoud aan en reparatie van de vloer reinigingsproducten die niet verenigbaar zijn met het materiaal van de bestrating.

ARBORÈTUM © Jordi Jové

306

Prevent water from penetrating the wooden floor; prevent any bumps, scrapes or scratches.

Évitez toute pénétration d'eau à l'intérieur du sol en bois, les coups, les égratignures ou les rayures.

Verhindern Sie, dass das Wasser in den Bodenbelag aus Holz eindringt, vermeiden Sie Stöße, Schrammen oder Kratzer.

Voorkom dat er water in houten bedekking doordringt; voorkom stoten, schuurplekken of krassen.

ARBORÈTUM © Jordi Jové

COURTYARDS

New Ideas for the Urban Garden

Courtyards are usually smaller areas where the sun does not fall in such a direct manner and therefore they are ideal for species that live well in the shade or partial shade. If well planned, they can be very intimate and inviting. Courtyards that consist of different levels give a sense of spaciousness.

COURS

Nouvelles idées pour le jardin urbain

Les cours sont généralement des espaces plus réduits exposés de façon moins directe aux rayons du soleil. Par conséquent, elles requièrent la culture d'espèces qui supportent l'ombre ou les zones mi-ombragées. Un aménagement correct pourra conduire à la création d'un espace très intime et chaleureux. Les cours agencées sur plusieurs niveaux donnent une sensation de grandeur.

HÖFE

Neue ideen für stadtgärten

Höfe sind normalerweise kleinere Bereiche, in die die Sonne nicht direkt hinein scheint. Deshalb sind sie für Pflanzen, die gern im Schatten oder Halbschatten wachsen, geeignet. Wenn man diese Höfe gut plant, können sie sehr lauschig und gemütlich sein. Höfe mit Höhenunterschieden vermitteln den Eindruck von Weiträumigkeit.

PATIO'S

Nieuwe ideeën voor de stadstuin

Patio's zijn meestal kleine zones waar niet direct zonlicht komt. Daarom zijn ze gunstig voor plantensoorten die schaduw of halfschaduw vereisen. Door een goed ontwerp kunnen ze intiem en gezellig worden gemaakt. Patio's met verschillende hoogtes zorgen ervoor dat het geheel ruimer lijkt.

< © KETTAL

307

Install a canopy with invisible arms to create a small outdoor dining area.

Installez un store banne à bras occultes pour aménager une petite zone repas extérieure.

Bringen Sie eine einklappbare Markise über einem kleinen Essplatz im Freien an.

Plaats een scherm met onzichtbare armen om een kleine buiteneethoek te creëren.

ARBORÈTUM © Jordi Jové

308

Make use of central terraces to place large flowerpots.

Stellen Sie auf mittleren Terrassen große Blumentöpfe auf.

Profitez des terrasses intermédiaires pour y placer de grands pots.

Benut middelgrote terrassen om grote bloempotten neer te zetten.

ARBORÈTUM © Jordi Jové

If the paving is not uniform, make sure that it is coordinated by using elements that bring it together. If not, the space will be staggered and confusing.

En cas de changements de sol, veillez à ce que ces derniers soient harmonieux en mettant en place des éléments servant de point d'union entre les deux. Dans le cas contraire, vous créerez la sensation d'un espace étalé et confus.

Wenn es unterschiedliche Bodenbeläge gibt, achten Sie darauf, dass diese mit Hilfe von Objekten, die als Verbindungsglieder wirken, aufeinander abgestimmt sind. Wenn nicht, hat man den Eindruck von einem uneinheitlichen und konfusen Raum.

Heeft u verschillende ondergronden, zorg er dan voor dat er bij de overgangen bepaalde elementen zijn geplaatst die dienst doen als verbindingspunt. Doet u dat niet, dan lijkt het een ongeordende ruimte.

—

© Jos van de Lindeloof

310

Do not discard the option of a lawn as it will give the space an open-plan feel.

Ne mettez pas de côté l'idée du gazon. Celui-ci illuminera l'espace.

Schließen Sie die Möglichkeit eines Rasens nicht aus, da dieser einen offenen Raum schafft.

Sluit de optie van gazon niet uit, aangezien dat een heldere ruimte kan scheppen.

ARBORÈTUM © Jordi Jové

311

Study areas of sun and shade in the courtyard. Do not sow plants that require many hours of sun if the courtyard is dark.

Étudiez les espaces ensoleillés et ombragés de la cour. Ne placez pas de plantes qui requièrent de nombreuses heures de soleil si la cour est sombre.

Analysieren Sie die Sonnen- und Schattenplätze des Hofes. Setzen Sie keine Pflanzen, die viele Sonnenstunden brauchen, wenn der Hof dunkel ist.

Observeer op welke plaatsen in de patio zon en schaduw is. Plaats geen planten die veel zon nodig hebben als in de patio te veel schaduw is.

ARBORÈTUM © Jordi Jové

312

Build different levels, creating the effect of terraces. You will make the space seem larger than it is.

Aménagez plusieurs niveaux afin de générer l'effet de terrasses. Vous donnerez ainsi la sensation qu'il s'agit d'un espace plus grand.

Konstruieren Sie Höhenunterschiede, die einen Terrasseneffekt erzeugen. Der Raum wirkt dadurch größer.

Leg verschillende niveaus aan, in de vorm van terrassen. Zo lijkt het alsof de ruimte groter is.

ARBORÈTUM © Jordi Jové

313

Avoid straight and dense hedges as they create a cluttered space and block views.

Évitez les haies rectilignes et denses car elles étouffent l'espace et occultent la vue.

Vermeiden Sie geradlinige und dichte Hecken, weil sie einen erstickenden Eindruck erwecken und die Sicht verstellen.

Voorkom rechtlijnige en dichte hagen, omdat die de ruimte verstikkend maken en het uitzicht belemmeren.

ARBORÈTUM © Jordi Jové

314

Make sure that the courtyard's garden becomes a focal point from the interior to give it an effect of continuity.

Faites en sorte que le jardin de la cour se convertisse en un point d'attraction depuis l'intérieur pour donner un effet de continuité.

Sorgen Sie dafür, dass der Garten des Hofes von den Innenräumen aus zum Blickpunkt wird, so dass der Eindruck von Kontinuität entsteht.

Probeer de tuin van de patio te veranderen in een aandachtspunt vanuit het interieur, voor een harmonieus effect.

ARBORÈTUM © Jordi Jové

315

Choose species that are attractive at least two of the four seasons.

Choisissez des espèces attractives au moins deux saisons sur quatre.

Wählen Sie Arten, die mindestens während zwei der vier Jahreszeiten gut aussehen.

Kies soorten die in tenminste twee van de vier seizoenen aantrekkelijk zijn.

© John von Tiedemann

316

Each plant in the courtyard deserves its home. Do not have pointless flowerpots lying about.

Chaque plante de la cour mérite son espace vital. N'encombrez pas inutilement la cour de pots.

Jede Pflanze des Innenhofs sollte ihren Platz verdienen. Stellen Sie keine unnötigen Blumentöpfe auf.

Iedere plant in de patio moet zijn eigen plekje hebben. Plaats niet onnodig veel potten.

ARBORÈTUM © Jordi Jové

317

Try to achieve perspective, if possible.

Recherchez si possible de la perspective.

Sorgen Sie wenn möglich für Aussicht.

Probeer zo mogelijk perspectief te krijgen.

ARBORÈTUM © Jordi Jové

318

Foliage is as interesting as flowers, and it lasts much longer.

Le feuillage est tout aussi intéressant que la fleur et dure beaucoup plus longtemps.

Das Blattwerk ist genau so interessant wie die Blüten und hält viel länger.

De bladeren zijn net zo interessant als de bloem en duren veel langer.

ARBORÈTUM © Jordi Jové

319

Create rhythm and break the symmetry with plants of different sizes and shapes.

Donnez du rythme et brisez la symétrie à l'aide de plantes de tailles et de formes différentes.

Schaffen Sie Rhythmus und unterbrechen Sie die Symmetrie mit Pflanzen von unterschiedlichen Größen und Formen.

Zorg voor ritme en doorbreek symmetrie met planten met verschillende afmetingen en vormen.

ARBORÈTUM © Jordi Jové

320

When the courtyard is located between walls, use them to plant vines. This prevents the landscape from having defined limits.

Lorsque la cour est entourée de murs, profitez-en pour cultiver des plantes grimpantes. Vous éviterez ainsi un paysage à limites définies.

Wenn sich der Hof innerhalb von Mauern befindet, nutzen Sie diese für Kletterpflanzen. Auf diese Weise verhindern Sie, dass die Landschaft definierte Grenzen hat.

Als de patio ommuurd is, gebruik de muren dan om klimplanten tegenaan te laten groeien. Zo voorkomt u dat het landschap afgebakend wordt.

ARBORÈTUM © Jordi Jové

321

Place plants with larger leaves at the entrance and smaller leaves farther away, this will achieve more depth.

Placez les plantes à grand feuillage à l'entrée et celles à feuillage plus petit en arrière-plan. Vous obtiendrez ainsi une plus grande profondeur.

Setzen Sie die Pflanzen mit größerem Blattwerk an den Eingang und die mit kleineren Blättern weiter entfernt. So erreichen Sie mehr Tiefe.

Zet de planten met grotere bladeren bij de ingang en die met kleinere bladeren verder weg. Zo krijgt u meer diepte.

© Roger Casas

322

For smaller courtyards, choose small plants in line with the size of space.

Pour les cours de dimensions réduites, choisissez de petites plantes en harmonie avec la taille de l'espace.

Für kleine Höfe wählen Sie dem Maßstab des Raumes entsprechende kleine Pflanzen

Kies voor patio's met geringe afmetingen kleine planten die overeenstemmen met de schaal van de ruimte.

ARBORÈTUM © Jordi Jové

323

Use windows to create mini-gardens

Utilisez les fenêtres pour créer des mini-jardins.

Verwenden Sie die Fenster, um Minigärten zu schaffen.

Gebruik ramen om minituinen te creëren.

ARBORÈTUM © Jordi Jové

324

Hang flowerpots on the walls or at any point to create different vegetated levels.

Hängen Sie Blumentöpfe an die Mauern oder an irgendwelche Stellen, um verschiedene begrünte Niveaus zu schaffen.

Suspendez des pots aux murs ou en n'importe quel point pour créer différents niveaux végétaux.

Hang bloempotten aan de muren of op andere plaatsen, om groene punten op verschillende hoogtes te krijgen.

© Greenmeme

325

Do not choose species that grow wide as they can obstruct the garden.

Ne portez pas votre choix sur des espèces qui ont tendance à trop s'évaser car elles étouffent le jardin.

Wählen Sie keine Arten, die sehr auswuchern, da diese den Garten ersticken.

Kies geen soorten die heel breed worden, omdat ze de tuin anders overvol maken.

ARBORÈTUM © Jordi Jové

326

In small gardens plants should be pruned more to control the size.

Dans les petits jardins, il importe de tailler les plantes régulièrement pour contrôler les proportions.

In kleinen Gärten muss man mehr beschneiden, um die Proportionen zu wahren.

In kleine tuinen moet men meer snoeien om de proporties in toom te houden.

ARBORÈTUM © Jordi Jové

BALCONIES

New Ideas for the Urban Garden

Balconies are often wasted space, in many cases they are only a few square feet. However, they can be transformed into an extension of the interior space and thus not only improve the view but also be an inviting showcase of vegetation.

BALCONS

Nouvelles idées pour le jardin urbain

En règle générale, les balcons sont des espaces de faible superficie non exploités. Toutefois, ils peuvent être transformés de manière à prolonger l'espace intérieur pour ainsi bénéficier de meilleures vues et disposer d'une zone accueillante et d'une végétation abondante.

BALKONE

Neue ideen für stadtgärten

Balkone werden normalerweise vernachlässigt, in vielen Fällen sind sie nur wenige Quadratmeter groß. Sie können jedoch in eine Erweiterung des Innenraums verwandelt werden. Auf diese Weise verbessern sie nicht nur die Aussicht, sondern werden auch zu einem einladenden Schaufenster mit üppiger Vegetation.

BALKONS

Nieuwe ideeën voor de stadstuin

Balkons zijn vaak onbenutte ruimtes, meestal met een gering oppervlak. Ze kunnen echter worden omgevormd tot verlengstuk van het interieur, zodat niet alleen het uitzicht wordt verbeterd, maar men ook een soort gezellige etalage met planten krijgt.

< © Deidi von Schaewen

327

Some balconies have an external platform to support window boxes. Window boxes can be positioned at the height of the apartment, on the front part or around the balcony.

Certains balcons sont pourvus d'une plateforme externe servant d'appui aux jardinières. Les jardinières peuvent être placées au niveau du sol ou en hauteur (devant le balcon ou sur les côtés).

Es gibt Balkone mit einer Vorrichtung für Blumenkästen. Die Blumenkästen kann man auf Bodenhöhe, auf dem hohen Teil gegenüber oder rings um den Balkon anbringen.

Er zijn balkons die een extern platform hebben om bloembakken op te plaatsen. U kunt bloembakken hangen ter hoogte van vloer, aan de hoge kant of rondom het balkon.

ARBORÈTUM © Jordi Jové

328

Pots filled with wild flowers are a good way to give a balcony personality.

Les pots remplis de fleurs sauvages constituent une excellente ressource pour aménager un balcon empreint de personnalité.

Blumentöpfe mit Wildblumen sind ein gutes Mittel dafür, einem Balkon Persönlichkeit zu verleihen.

Potten vol wilde bloemen zijn een goed manier om een balkon met persoonlijkheid te krijgen.

ARBORÈTUM © Jordi Jové

Hanging plants such as geraniums, nasturtiums and dwarf ivy (in case of a balcony with shade) are the best species.

Les plantes tombantes comme les géraniums, les capucines ou les lierres nains (pour balcons ombragés) sont les espèces qui s'adaptent le mieux.

Hängepflanzen wie Geranien, Kapuzinerkresse oder Zwergefeu (wenn der Balkon schattig ist) sind die Arten, die sich am besten anpassen.

Hangplanten zoals geraniums, Oost-Indische kers of dwergklimop (in het geval van een schaduwrijk balkon) zijn de soorten die zich het beste aanpassen.

© José Luis Hausmann

330

If you are short of space do not choose large pots. Floating planter boxes free up floor space.

Si votre espace est limité, n'y installez pas de grands pots. Pour gagner de la place, il convient d'utiliser des jardinières à suspendre permettant de libérer le sol.

Wenn Sie keinen Platz haben, wählen Sie keine großen Blumentöpfe. Um Platz zu sparen, sind überhängende Blumenkästen, die den Boden frei lassen, günstig.

Als u niet over al te veel ruimte beschikt, kies dan niet voor grote potten. Om ruimte te besparen zijn 'zwevende' bloembakken, die de grond vrijhouden, een goede optie.

ARBORÈTUM © Jordi Jové

331

Furniture should not impede the passage of people.

Les meubles doivent être placés de manière à ne pas entraver le passage.

Die Möbel sollten so aufgestellt werden, dass sie den Durchgang nicht behindern.

De meubelen moeten zo worden geplaatst dat ze de doorgang niet belemmeren.

ARBORÈTUM © Jordi Jové

332

Too much sun and wind can harm some species. Remember that the more exposed they are, the more irrigation they require, especially in the case of perennial flowers.

L'excès de soleil et le vent peuvent abîmer certaines espèces. N'oubliez pas que plus les plantes sont exposées, plus elles doivent être arrosées, surtout lorsqu'il s'agit de plantes vivaces.

Zu viel Sonne und Wind können einige Arten schädigen. Denken Sie daran, dass die Pflanzen um so mehr gegossen werden müssen, je mehr sie Sonne und Wind ausgesetzt sind, besonders die mehrjährigen Pflanzen,

Te veel zon en wind kan bepaalde soorten planten beschadigen. Hoe meer ze daaraan blootgesteld worden, hoe meer water ze moeten worden krijgen, met name in geval van blijvende bloemen.

ARBORÈTUM © Jordi Jové

333

Bamboo parquet is another way to achieve a welcoming atmosphere on your balcony. It is a natural material and it adapts well to climate changes.

Un autre moyen permettant de créer une atmosphère accueillante sur votre balcon consiste à y installer un parquet en bambou. Il s'agit d'un matériau naturel qui s'adapte aux changements climatiques.

Eine weitere Art, Ihren Balkon gemütlich zu gestalten, bietet ein Bodenbelag aus Bambus. Es handelt sich um ein natürliches Material, das sich den wechselnden Wetterverhältnissen anpasst.

Een andere manier om een gezellige sfeer te scheppen voor uw balkon is om een bamboevloer te leggen. Bamboe is een natuurlijk materiaal dat zich aanpast aan klimaatschommelingen.

—

© Tuka Bamboo

334

Choose plants best suited to the direction your balcony faces.

Choisissez les plantes qui s'adaptent le mieux à l'orientation de votre balcon.

Suchen Sie Pflanzen aus, die sich am besten der Ausrichtung Ihres Balkons anpassen.

Kies planten die het best zijn afgestemd op de oriëntatie van het balkon.

—

ARBORÈTUM © Jordi Jové

335

Give life to your balcony adorning it with hanging plants or vines so that they grow randomly adapting to the structure.

Donnez vie au balcon en l'agrémentant de plantes tombantes ou grimpantes. Ces espèces se développent dans n'importe quel endroit en s'adaptant à la structure sur laquelle elle poussent.

Beleben Sie den Balkon, indem Sie ihn mit Hänge- oder Kletterpflanzen verschönern, damit sie überall wachsen und sich an ihren Standort anpassen.

Maak uw balkon levendiger en fraaier met hangplanten of klimplanten op willekeurige plaatsen die passen bij de structuur waar ze zich bevinden.

© John Ellis

336

Place some type of mat in the access to the balcony to avoid dust getting inside.

Placez une sorte de tapis à l'entrée du balcon pour éviter de transporter de la poussière à l'intérieur du logement.

Legen Sie einen kleinen Teppich oder eine Fußmatte im Zugang zum Balkon aus, um zu vermeiden, dass Staub in die Innenräume gelangt.

Leg een kleedje bij de toegang naar het balkon, om te voorkomen dat er stof naar binnen wordt gelopen.

337

Create the perfect space to rest with a simple bench upholstered to your liking with a practical mat and a few cushions.

Une banquette simple et recouverte à votre goût d'un matelas et de coussins se transformera en un espace de repos.

Mit einer einfachen Bank, nach Geschmack mit einer praktischen Matratze und Kissen belegt, erhalten Sie einen Ruheplatz.

Met een eenvoudig bankje, naar uw smaak bekleed met praktische (stoel)kussens, krijgt u een rusthoekje.

338

If the balcony is small, avoid the use of heavy pots. Opt for plastic or wooden containers that are not weighty.

Si le balcon est petit, évitez les pots encombrants. Optez pour des pots en plastique ou en bois à poids réduit.

Wenn der Balkon klein ist, vermeiden Sie schwere Blumentöpfe. Wählen Sie Blumentöpfe aus Kunststoff oder Holz, die nicht zu schwer sind.

Heeft u een klein balkon, vermijd dan zware potten. Kies voor lichte plastic of houten potten.

ARBORÈTUM © Jordi Jové

339

Combine perennials and seasonal plants to avoid an empty balcony in the cold season.

Combinez plantes à feuilles persistantes et plantes de saison pour éviter d'avoir un balcon vide pendant les périodes de froid.

Kombinieren Sie immergrüne und einjährige Pflanzen, um zu vermeiden, dass der Balkon in der kalten Jahreszeit leer bleibt.

Combineer planten met altijdgroene bladeren met seizoensplanten om te voorkomen dat het balkon tijdens de koude seizoenen leeg staat

ARBORÈTUM © Jordi Jové

Do not waste space. Place a hanging pot on the sides of the balcony, you will both decorate the walls and save floor space.

Profitez au maximum de l'espace. Suspendez un pot sur les côtés pour embellir les murs et gagner de la place au sol.

Verschwenden Sie keinen Platz. Bringen Sie an den Seiten Blumentöpfe an. Auf diese Weise verschönern Sie die Wände und sparen notwendigen Platz auf dem Boden.

Laat geen ruimte onbenut. Plaats hangplanten aan de zijkanten; zo verfraait u de muren en bespaart u de nodige ruimte op de vloer.

ARBORÈTUM © Jordi Jové

INDOOR GARDENS

New Ideas for the Urban Garden

Interior gardens and courtyards may not be as common but they are equally as pleasant. These spaces become the lungs of the house because they are located in the center and the other rooms are distributed around the border to maximize ventilation and natural light.

JARDINS INTÉRIEURS

Nouvelles idées pour le jardin urbain

Les cours et jardins intérieurs sont moins réputés mais tout aussi agréables. Ces espaces se convertissent en les poumons de la maison car, situés en son centre, ils donnent sur le reste des pièces distribuées autour de leur périmètre et permettent de profiter au maximum de l'aération ainsi que de la lumière naturelle.

INNENGÄRTEN

Neue ideen für stadtgärten

Nicht so bekannt, aber nicht weniger angenehm sind Innengärten und Innenhöfe. Diese Räume werden zu Lungen des Hauses, weil sie sich im Zentrum befinden und die anderen Räume um sie herum angeordnet sind, so dass die Belüftung und das natürliche Licht voll genutzt werden kann.

BINNENTUINEN

Nieuwe ideeën voor de stadstuin

Niet zo bekend, maar daarom niet minder aangenaam zijn binnentuinen en binnenplaatsen. Dergelijke ruimtes vormen de groene long van een woning, omdat ze in het midden liggen en de overige vertrekken rondom zijn aangelegd zodat zo veel mogelijk wordt geprofiteerd van ventilatie en hemellicht.

< © Mike Osborne

Choose the right plants. Ferns are a good choice for the thickness of their branches and because they can be placed in hanging planters leaving the floor clear for smaller species.

Choisissez les plantes appropriées. Les fougères constituent un excellent choix de par la densité de leurs branches et parce qu'elles peuvent être placées dans des jardinières suspendues en laissant de la place au sol pour les espèces plus petites.

Wählen Sie geeignete Pflanzen aus. Farne sind eine gute Wahl auf Grund ihrer dicken Äste und weil man sie in hängende Blumentöpfe setzen und den Boden für kleinere Arten frei lassen kann.

Kies geschikte planten. Varens zijn een goede optie wegens de dikte van de takken en omdat ze bovendien als hangplant kunnen worden geplaatst, zodat de grond vrij wordt gehouden voor kleinere soorten.

© Lourdes Legorreta

342

You can also choose some small palm species that are grown especially for the for interior spaces for the beauty of their leaves.

Vous pouvez également opter pour certaines espèces de petits palmiers spécialement cultivées pour les espaces intérieurs grâce à la beauté de leurs feuilles.

Sie können auch ein paar kleine Palmenarten wählen, die wegen ihrer schönen Blätter speziell für Innenräume gezogen werden.

U kunt er ook voor kiezen om kleine soorten palmbomen te planten die speciaal voor binnen gekweekt zijn, vanwege hun mooie bladeren.

© Michael Freeman

343

An indoor garden will help you to think positively.

Un jardin intérieur vous imprégnera d'un état d'esprit positif.

Ein Innengarten bringt Sie in heitere Stimmung.

Een binnentuin zorgt voor een positieve levenshouding.

© Paolo Utimpergher

Every plant needs a free space to grow with light, water, air, nutrients and a suitable temperature. Try to meet the plants needs and choose choose those that do not require much sun and live well in the shade.

Toutes les plantes ont besoin d'un espace libre pour pousser, de lumière, d'eau, d'air, de nutriments et d'une température appropriée. Veillez à leur offrir toutes ces ressources et choisissez des plantes n'ayant pas besoin de beaucoup de soleil et supportant bien l'ombre.

Jede Pflanze braucht einen freien Platz zum wachsen, Licht, Wasser, Luft, Nährstoffe und eine angemessene Temperatur. Bieten Sie ihr dies und wählen Sie Pflanzen, die nicht viel Sonne brauchen und gut im Schatten gedeihen.

Alle planten hebben ruimte, licht, water, lucht, voedingsstoffen en een geschikte temperatuur nodig om te groeien. Zorg ervoor dat u de plant geeft wat hij nodig heeft en kies planten die niet veel zon nodig hebben en goed gedijen in de schaduw.

© Nacasá & Partners

345

Taking care of plants is a good way to relax.

Prendre soin des plantes est une bonne méthode de relaxation.

Pflanzen zu pflegen ist eine gute Entspannungsmethode.

Planten verzorgen is een goede manier om te ontspannen.

ARBORÈTUM (c) Jordi Jové

346

Some species suitable for growing in the interior are large leaves species, such as big-leaf ficus.

Les plantes à grandes feuilles, comme le ficus caoutchouc, font partie des espèces qui s'adaptent à la culture d'intérieur.

Manche zur Haltung in Innenräumen geeignete Arten haben große Blätter wie der großblättrige Ficus.

Sommige soorten binnenplanten hebben grote bladeren, zoals de rubberboom.

© Nacasá & Partners

347

To add contrast between the green, spread white stones on the substrate of the plants or to outline a zone.

Pour créer du contraste entre les différents tons verts, déposez quelques pierres de couleur blanche sur le substrat des plantes ou pour délimiter une zone.

Um einen Kontrast zum Grün zu schaffen oder einen Bereich abzugrenzen, verteilen Sie ein paar weiße Steine auf das Pflanzensubstrat.

Om contrasten tussen het groen te verkrijgen kunt u enkele witte steentjes op de onderlaag van de planten strooien of daarmee een zone afbakenen.

© Kei Sugino

348

If you have the possibility to embed large stones, you will achieve a virgin forest effect within the home.

Si vous avez la possibilité d'insérer des pierres de grande taille, vous apporterez un effet de jungle vierge à l'intérieur de la maison.

Wenn Sie die Möglichkeit haben, großformatige Steine einzubetten, ergibt das einen Urwaldeffekt innerhalb des Hauses.

Heeft u de mogelijkheid om grote stenen in te leggen, dan ontstaat een effect van een ongerept woud in de woning.

© Shania Shegedyn

349

Designate a space in the house appropriate for the maintenance of a few plants. Some homes have an open space in the center of the house that serves as a conduit for air.

Aménagez un espace approprié à l'intérieur de la maison pour l'entretien de quelques plantes. Certaines demeures disposent d'un espace ouvert au centre du logement servant de conduit d'air.

Bestimmen Sie einen passenden Raum im Haus für die Haltung einiger Pflanzen. Manche Häuser verfügen über einen offen Raum in der Mitte der Wohnung zur Belüftung.

Richt binnen het huis een ruimte in die geschikt is om enkele planten te houden. Sommige huizen hebben een open ruimte midden in de woning die dienst doet als luchtkanaal.

350

Make use of the natural scenery.

Tirez profit des qualités du décor naturel.

Nutzen Sie die Eigenschaften einer natürlichen Dekoration.

Benut de kwaliteiten van de natuurlijke decoratie.

© Mike Osborne

351

In the absence of an area such as a patio or an air duct, place a set of flowerpots near a skylight.

Si vous ne disposez d'aucune zone s'apparentant à une cour ou à un conduit d'air, vous pouvez placer un ensemble de pots à proximité d'une lucarne.

Wenn Sie über keinen Innenhof-ähnlichen Bereich oder Lichthof verfügen, können Sie eine Gruppe von Blumentöpfen in der Nähe eines Oberlichtes aufstellen.

Als er geen enkel plekje beschikbaar is dat iets weg heeft van een patio of luchtkanaal, zet dan een aantal potten bij een dakraam neer.

© Henry Wilson

352

If you have an indoor garden you will have a private oasis where evergreen plants, stones and polished slabs, give the room an air of Zen.

Si vous possédez un jardin à l'intérieur de la maison, vous pourrez disposer d'une oasis particulière, où les plantes à feuilles persistantes, les pierres et les dalles polies conféreront à la pièce un air zen.

Wenn sie einen Garten innerhalb des Hauses haben, verfügen Sie über ein private Oase, der immergrüne Pflanzen, Steine und geschliffene Fliesen ein Zen-Flair verleihen.

Heeft u een binnentuin, dan kunt u een bijzondere oasis maken waar planten met altijdgroene bladeren, stenen en gepolijste tegels het vertrek een zen-achtige uitstraling geven.

© Leonardo Finotti

Use low tables and wooden benches to create different levels on which to set the plants. If you have plants that grow downwards, hang them in a pot on the roof.

Utilisez des tables basses ou des bancs en bois pour créer différents niveaux sur lesquels déposer les plantes. Si vous possédez des plantes tombantes, suspendez-les au plafond en les plaçant dans une jardinière.

Verwenden Sie niedrige Tische oder Holzbänke, um Pflanzen in unterschiedlicher Höhe aufzustellen. Hängepflanzen können Sie in einem Blumentopf an die Decke hängen.

Gebruik lage tafels of houten banken om de planten op verschillende hoogtes te plaatsen. Als u hangplanten heeft kunt u ze laten hangen vanuit een bloempot aan het plafond.

© Leonardo Finotti

354

A bamboo table with a row of flowerpots on top can be a good resource.

Une table en bambou ornée d'une rangée de pots peut représenter une excellente ressource.

Eine Reihe von Blumentöpfen auf einem Bambustisch ist eine gute Möglichkeit.

Een bamboe tafel met daarop een rij bloempotten kan een goed hulpmiddel zijn.

355

If you use planters, choose large ones so that the plants have more space to root.

Si vous utilisez des jardinières, optez pour des récipients de grandes dimensions afin que les plantes puissent bénéficier d'une place plus importante pour prendre racine.

Verwenden Sie große Blumentöpfe, damit die Pflanzen mehr Platz zum wurzeln haben.

Gebruikt u bloembakken, kies dan grote uit, zodat de planten meer ruimte hebben om te wortelen.

The window that opens to vent the area must be far away from the zone of the plants to avoid drafts and sudden changes in temperature.

La fenêtre servant à ventiler l'atmosphère intérieure doit être éloignée de la zone des plantes pour éviter les courants d'air et les changements brusques de température.

Das Fenster, das zum Lüften geöffnet wird, sollte sich entfernt vom Bereich der Pflanzen befinden, um Zug und plötzliche Temperaturschwankungen zu vermeiden.

De planten mogen niet in de buurt staan van ramen die open worden gezet om te luchten, zodat ze niet blootgesteld worden aan tocht en plotselinge temperatuurveranderingen.

357

It makes use of cans as flowerpots, a very original and organic way to decorate your home.

Profitez des boîtes pour vous en servir de pots, façon très originale et écologique de décorer votre foyer.

Benutzen Sie Dosen als Blumentöpfe, eine sehr originelle und umweltfreundliche Art, Ihr Heim zu dekorieren.

Gebruik blikken als bloempot: een originele en milieuvriendelijke manier om uw huis in te richten.

© APAVISA

358

To avoid changing the orientation of the plants, place them where you know you will not need to move them.

Pour ne jamais changer l'orientation des plantes, placez-les à un endroit où vous savez qu'elles n'auront pas besoin d'être déplacées.

Damit Sie die Orientierung der Pflanzen nicht verändern müssen, stellen Sie sie an einem Ort auf, an dem sie dauerhaft bleiben können.

Zet de planten op een plaats van waar u weet dat u ze niet hoeft te verplaatsen.

© Michael Freeman

THE GARDEN AS THE EXTENSION OF THE HOME

Gardens with pool

LE JARDIN EN TANT QU'EXTENSION DU LOGEMENT

Jardins avec piscine

DER GARTEN ALS ERWEITERUNG DER WOHNUNG

Gärten mit Schwimmbecken

DE TUIN ALS VERLENGSTUK VAN DE WONING

Tuinen met zwembad

GARDENS WITH POOL

The Garden as the Extension of the Home

A pool in a private home unquestionably increases the quality of life not for its intrinsic merits but also because it implies the existence of a garden and the opportunity to create an outdoor living area. Landscape architecture and the design of swimming pools and private gardens are full of resources that are the legacy of past history.

JARDINS AVEC PISCINE

Le jardin en tant qu'extension du logement

L'incorporation d'une piscine dans une propriété privée représente une amélioration incontestable de la qualité de vie, non seulement pour ses avantages intrinsèques mais également parce que l'installation de cet élément implique la présence d'un jardin et la possibilité de mener une vie en plein air. L'architecture du paysage et la conception de piscines et de jardins privés sont gorgées de ressources qui ne sont autres que l'héritage d'une histoire révolue.

GÄRTEN MIT SCHWIMMBECKEN

Der garten als erweiterung der wohnung

Der Bau eines privaten Schwimmbeckens bedeutet eine unbestreitbare Steigerung der Lebensqualität nicht nur auf Grund seiner unmittelbaren Vorteile, sondern weil dazu ein Garten und die Möglichkeit, ein Leben an der frischen Luft zu führen, gehören. Die Landschaftsarchitektur und die Gestaltung von Schwimmbecken und Gärten gründen sich auf das Erbe einer vergangenen Geschichte.

TUINEN MET ZWEMBAD

De tuin als verlengstuk van de woning

De aanleg van een zwembad bij de woning betekent een onbetwistbare verhoging van de levenskwaliteit, niet alleen vanwege de vanzelfsprekende voordelen, maar ook omdat dat betekent dat er een tuin is, waarin men kan genieten van het buitenleven. In de landschapsarchitectuur en in zwembad- en tuinontwerpen zijn talrijke hulpmiddelen beschikbaar die overgeleverd zijn uit het verleden.

< © Jean-Luc Laloux

359

Connect a main pool with a shallower pool. The main pool seems to float.

Verbinden Sie ein Haupt-Schwimmbecken mit einem weniger tiefen Becken. Das erste scheint zu schweben.

Reliez une piscine principale avec une autre de moindre profondeur pour créer une sensation de flottaison.

Verbind een groot zwembad met een ander, ondiep zwembad; zo lijkt het of het grote bad drijft.

360

Make the edges disappear to achieve a greater sense of weightlessness.

Sorgen Sie dafür, dass die Ränder verschwinden, dadurch entsteht ein stärkerer Eindruck von Schwerelosigkeit.

Faites en sorte que les bords disparaissent pour conférer une plus grande impression d'apesanteur.

Laat de randen van het zwembad "verdwijnen", om het gevoel van gewichtloosheid te versterken.

361

Do not use heavy materials or darker shades.

Verwenden Sie keine schweren oder dunkelfarbigen Materialien.

N'utilisez pas de matériaux encombrants ou à tonalités sombres.

Gebruik geen zware of donkere materialen.

© John Edward Linden Photography

362

Do not close off your views with fences or hedges. Try to achieve as open a space as possible.

N'occultez pas les vues avec des clôtures ou des haies. Il s'agit d'aménager un espace qui soit le plus ouvert possible.

Versperren Sie die Sicht nicht durch Zäune oder Hecken. Es handelt sich darum, einen so weit wie möglich offenen Raum zu erhalten.

Scherm het uitzicht niet af met schuttingen of hagen. Probeer een zo open mogelijke ruimte te krijgen.

© Tuca Reinés

363

Teardrop-shaped pools perfectly combine the pool with the landscape.

Les piscines en forme de larme génèrent un mariage parfait entre le plan d'eau et le paysage.

Mit tränenförmigen Swimmingpools erreicht man eine perfekte Verbindung von Schwimmbecken und Landschaft

Traanvormige zwembaden zorgen voor een perfecte verbinding tussen het zwembad en het landschap.

© Cesar Rubio

Avoid a pronounced coping in the pool to create spatial continuity between the pool and the surroundings.

Évitez les margelles trop prononcées afin de créer une continuité spatiale entre la piscine et l'environnement.

Vermeiden Sie eine ausgeprägte Umrandung des Schwimmbeckens, um eine räumliche Kontinuität zwischen Becken und Umgebung zu schaffen.

Voorkom een geprononceerde afwerking van het zwembad, voor meer ruimtelijke verbinding tussen het zwembad en de omgeving.

© Géraldine Bruneel

365

The quality of the materials will be more noticeable in a shallow pool. It is a good alternative when the original surface has been maintained.

Une piscine peu profonde permet de mettre en valeur la qualité des matériaux. Il s'agit d'une excellente alternative lorsque le sol d'origine a été conservé.

Bei einem Schwimmbecken, das nicht sehr tief ist, kann man die Qualität der Materialien schätzen. Dies ist eine gute Alternative, wenn der ursprüngliche Boden erhalten worden ist.

Met een ondiep zwembad komt de kwaliteit van de materialen beter tot zijn recht. Het is een goed alternatief als de originele bodem bewaard is gebleven.

© Jordi Miralles

366

Remember that the viability of architectural indulgences depends on the conditions of your land.

N'oubliez pas que la durabilité des caprices architecturaux dépend des conditions de votre terrain.

Denken Sie daran, dass die Ausführbarkeit architektonischer Kapricen von den Bedingungen Ihres Terrains abhängt.

Vergeet niet dat de uitvoerbaarheid van architectonische grillen afhankelijk is van de eigenschappen van het terrein.

© Douglas Hill Photography, Barry Beer Design

367

If you want to create a meditation space, do not use elements that may interfere with relaxation and the harmony of the landscape.

Si vous recherchez un espace destiné à la méditation, n'introduisez pas d'éléments pouvant nuire au repos et à l'harmonie du paysage.

Wenn Sie einen für die Meditation bestimmten Bereich gestalten wollen, bringen Sie keine Elemente ein, die die Ruhe und die Harmonie der Landschaft stören könnten.

Wilt u een gedeelte bestemmen voor meditatie, zet er dan geen elementen in die de rust en de harmonie van het landschap kunnen verstoren.

© Jordi Miralles

368

Before designing the pool, ask yourself where is the best location, what materials are best suited to create a spectacular result and what design would be most appropriate for your environment.

Avant de concevoir la piscine, demandez-vous quel serait le meilleur emplacement, quels seraient les matériaux les mieux adaptés pour créer des formes spectaculaires et quel serait le design le plus approprié au milieu environnant.

Bevor Sie das Schwimmbecken planen, überlegen Sie, wo es sich am besten befinden sollte, welche Materialien für spektakuläre Formen am geeignetsten sind und welches Design am angemessensten für die Umgebung ist.sehr wichtig.

Bedenk, alvorens het zwembad te ontwerpen, wat de beste plaats is, welke materialen geschikt zijn om spectaculaire vormen te krijgen en welk ontwerp het beste in de omgeving past.zoals een openlucht eethoek, is erg belangrijk.

369

Do not plant oily-leaved trees or trees with strong roots beside the pool that may damage its structure.

Ne plantez pas d'arbres à feuilles oléagineuses ou à fortes racines susceptibles d'endommager la structure.

Pflanzen Sie neben dem Schwimmbecken keine Bäume mit öligen Blättern oder starken Wurzeln, die seine Struktur schädigen könnten.

Plant geen bomen met olie-achtige bladeren of sterke wortels die de structuur kunnen beschadigen.

370

(It is possible to build a pool on many different types of land, always following a few established parameters. Choose a location that has the most hours of sun exposure.

Il est possible de construire une piscine sur différents types de terrains, en respectant systématiquement des paramètres établis. Choisissez l'emplacement le plus exposé au soleil.

Man kann ein Schwimmbecken auf unterschiedlichen Terrains bauen, vorausgesetzt, dass man vorgegebenen Parametern folgt. Wählen Sie einen Ort, der am längsten in der Sonne liegt, aus.

Het is mogelijk om een zwembad aan te leggen op verschillende soorten terreinen, maar altijd volgens een aantal vastgestelde maatstaven. Kies een plaats met zo veel mogelijk zonuren. zoals een openlucht eethoek, is erg belangrijk.een openlucht eethoek, is erg belangrijk.

© Geraldine Brunelel

371

Opt for an architect who specializes in open spaces for the design stage, the choice of materials, finishes, lighting and other aspects.

Faites appel à un architecte spécialisé en espaces ouverts pour la planification de la conception, le choix des matériaux, des finitions, de l'éclairage et des autres aspects.

Suchen Sie für den Entwurf einen Architekten, der auf offene Räume, Materialauswahl, Gestaltung, Beleuchtung und weitere Aspekte spezialisiert ist.

Kies een architect die gespecialiseerd is in open ruimtes voor het ontwerp, de materiaalkeuze, afwerkingen, verlichting en overige aspecten.

© Jean-Luc Laloux

372

Try to produce the least visual and environmental impact as possible.

Essayez de limiter au maximum l'impact visuel et écologique.

Vermeiden Sie nach Möglichkeit unschöne und umweltschädliche Wirkungen.

Probeer de visuele en ecologische impact zo laag mogelijke te houden.

Tuca Reinés

373

Choose between the different cladding that exists for pools. One of the most widely used is paint, although it should be freshly painted each year.

Faites votre choix parmi les différents revêtements disponibles pour les piscines. L'un des plus utilisés est la peinture, même si ce revêtement doit être réappliqué chaque année.

Es gibt verschiedene Beschichtungen für Schwimmbecken. Eine der gebräuchlichsten ist der Farbabstrich, der aber jedes Jahr erneuert werden muss.

Maak een keuze tussen verschillende zwembadbekledingen. Een van de meest gebruikte bekledingen voor zwembaden is verf, hoewel dat een proces is dat jaarlijks moet worden herhaald.is erg belangrijk.

© Jean-Luc Laloux

As for the coping, opt for natural materials such as stone, manufactured or produced with marble and white cement aggregates, which are soft to the touch and achieve a slip resistant surface.

Concernant la margelle, portez votre choix sur des matériaux comme la pierre naturelle, la pierre préfabriquée ou élaborée à base de sable de marbre et de ciment blanc. Ces matières sont douces au toucher et forment une surface antidérapante.

Für die Umrandung wählen Sie Materialien wie Naturstein oder vorgefertigte oder mit Marmor-Zuschlagstoffen und weißem Zement hergestellte Steine, die hautfreundlich und rutschfest sind.

Kies als afwerking materialen zoals natuursteen, voorgefabriceerd of met toeslag van marmer en wit cement. Deze voelen zacht aan en geven een stroef oppervlak.

© Dario Fusaro

375

Tiling has become less and less popular over time because of the risk involved in the breakage of parts.

Fliesen sind im Lauf der Zeit nach und nach verschwunden, auf Grund der Risiken, die das Zerbrechen der Kacheln mit sich bringt.

Les carreaux ont disparu avec le temps en raison du risque de rupture des pièces.

Het gebruik van tegeltjes is door de jaren heen afgenomen, vanwege het risico van kapotte tegeltjes.

376

Once a year, and after emptying the pool, we recommend that you clean it thoroughly.

Une fois par an et après avoir entièrement vidé la piscine, il est recommandé de la nettoyer intégralement.

Es wird empfohlen, das Schwimmbecken einmal pro Jahr vollständig zu leeren und gründlich zu säubern.

Het is raadzaam om het water een keer per jaar te laten weglopen en het zwembad grondig te reinigen.

377

Currently, sandstone is the most widely used material as it is vitreous, it makes it more difficult for algae and micro-organisms to stick to it and it is hygienic and maintenance free.

Actuellement, le grès est le matériau le plus employé. Son aspect vitrifié empêche en effet l'adhérence d'algues et de microorganismes. En outre, il est hygiénique et ne requiert aucun entretien.

Zurzeit sind Keramikfliesen das am meisten eingesetzte Material, weil es die Anhaftung von Algen und Mikroorganismen erschwert. Es ist hygienisch und erfordert keine Wartung.

Tegenwoordig is keramiek het meest gebruikte materiaal, aangezien algen en micro-organismen zich er minder goed aan hechten. Het is tevens hygiënisch en onderhoudsvriendelijk.

© Jordi Miralles

378

Checking the pH should be done weekly and every time you add more water to the pool, as the pH may vary.

La vérification du pH doit être réalisée toutes les semaines et à chaque fois que de l'eau est rajoutée, cette opération entraînant la variation de sa valeur.

Wöchentlich und jedes Mal, wenn mehr Wasser in das Schwimmbecken eingelassen wird, sollte der pH-Wert überprüft werden, da dieser variieren kann.

Controleer de pH wekelijks en altijd als er water aan het zwembad wordt toegevoegd, omdat de pH dan kan variëren.

© Dook

379

Then you should check the cladding of the pool, covering any cracks and crevices that there may be in the mosaic. This will prevent further damage and the spread of algae and fungi.

Ensuite, il importe de procéder à une analyse du revêtement, en colmatant les fissures et les brèches ayant pu se former sur la mosaïque. Cet entretien vous permettra d'éviter les dommages plus important et d'empêcher la prolifération d'algues ou de champignons.

Danach sollten Sie die Beschichtung des Schwimmbeckens untersuchen und Risse und Spalten, die sich im Mosaik gebildet haben können, abdichten. Dadurch vermeiden Sie größere Schäden und die Vermehrung von Algen und Pilzen.

Vervolgens dient u de zwembadbekleding te controleren, en eventuele scheuren en barsten in het mozaïek te repareren. Hiermee voorkomt u grotere schade en de vermenigvuldiging van algen en schimmels.

© Jordi Miralles

Dark water can be caused by several factors, such as insufficient or poor filtration, poor balance or an insufficient level of oxidation.

La formation d'une eau trouble peut être provoquée par une filtration défaillante ou insuffisante, un mauvais équilibre, voire un niveau d'oxydation insuffisant.

Trübes Wasser kann mehrere Gründe haben, wie schlechte oder ungenügende Filterung, schlechtes Gleichgewicht oder sogar ein ungenügendes Oxidationsniveau.

Vertroebeling van water kan verschillende oorzaken hebben, zoals slechte of onvoldoende filtratie, een slecht evenwicht of zelfs een ontoereikend zuurstofgehalte.

© Tuca Reinés

381

It is advisable to clean the bottom at least twice a week.

Il est conseillé de nettoyer le fond de la piscine au minimum deux fois par semaine.

Es ist ratsam, den Boden wenigstens zweimal wöchentlich zu reinigen.

Aanbevolen wordt om de boden tenminste twee keer per week schoon te maken.

© Dario Fusaro

382

The color will help to achieve harmony with the environment.

La couleur facilitera la recherche de l'harmonie avec le milieu.

Die Farbe, hilft dabei, eine Übereinstimmung mit der Umgebung zu erreichen.

Kleur helpt mee om harmonie met de omgeving te krijgen.

© Dario Fusaro

383

If you want a pure and elegant swimming pool, choose white. It will create a fresh, natural and light ambience, with a traditional and minimalist Mediterranean style.

Si vous recherchez une piscine pure et élégante, choisissez le blanc. Cette couleur donnera une atmosphère fraîche, naturelle et lumineuse, de style méditerranéen, traditionnel et minimaliste.

Wenn Sie ein klares und elegantes Schwimmbecken haben möchten, wählen Sie weiß. Dies schafft ein frisches, natürliches, helles Ambiente in mediterranem Stil, traditionell und minimalistisch.

Wilt u een puur en elegant zwembad, kies dan voor wit. Met wit krijgt u een frisse, natuurlijke en lichte sfeer in een Mediterrane, traditionele en minimalistische stijl.

© Jordi Miralles

384

If you combine it with reddish black and green tones, you will achieve a marine ambience.

Si vous combinez la piscine avec des tons rouges, noirs et verts, vous obtiendrez une atmosphère marine.

Wenn Sie es mit roten, schwarzen und grünen Farbtönen kombinieren, erhalten Sie ein maritimes Ambiente.

Als u wit combineert met rode, zwarte en groene tinten, dan krijgt u een maritieme sfeer.

© Jordi Miralles

385

If you choose a rectangular shape, design a side overflow to create the feeling that it blends with the green landscape.

Si votre choix se porte sur une forme rectangulaire, envisagez la construction d'une margelle à débordement pour donner la sensation que la piscine se fond dans le paysage verdoyant.

Wenn der Pool rechteckig sein soll, planen Sie ihn so, dass er an einer Seite überströmt. Dadurch entsteht der Eindruck, dass er mit dem Grün der Landschaft verschmilzt.

Als u kiest voor een rechthoekige vorm, ontwerp er dan een met een overlopende rand zodat het lijkt of het zwembad opgaat in het groen van het landschap.

To achieve a better relation with the setting, use similar tones for the exterior cladding and interior materials.

Pour obtenir une plus grande communion avec l'environnement, veillez à ce que la tonalité du revêtement extérieur et des matériaux utilisés à l'intérieur soit similaire.

Für eine bessere Verbindung mit der Umgebung sorgen Sie dafür, dass die Außenverkleidungen und die im Inneren des Hauses verwendeten Materialien ähnliche Farbtöne aufweisen.

Voor een betere verbinding met de omgeving kunt u proberen om de kleurschakering van de buitenbekleding te laten lijken op die van de materialen die binnen gebruikt zijn.

© Jordi Miralles

387

The use of decorative elements should be minimal to achieve a serene space inviting you to relax.

L'utilisation d'éléments ornementaux doit être minimale pour obtenir un espace serein qui invite à la détente.

Für einen ruhigen Bereich, der zur Entspannung einlädt, sollte man nur wenige Dekorationsgegenstände verwenden.

Het gebruik van decoratieve elementen moet beperkt worden, om een beheerste ruimte te verkrijgen die uitnodigt om te ontspannen.

© Géraldine Bruneel

388

If you want a personalized approach incorporate waterfalls, fountains, pebbles or other elements.

Si vous souhaitez personnaliser l'agencement, aménagez des cascades, des fontaines, des bords arrondis ou tout autre élément.

Wenn Sie es persönlich gestalten wollen, bauen Sie Wasserfälle, Springbrunnen, Kiesel oder andere Objekte ein.

Wilt u een gepersonaliseerd ontwerp, kies dan voor watervallen, fonteinen, afgeronde randen of andere elementen.

© Géraldine Bruneel

The presence of large windows not only provides integration with the garden but also facilitates the entry of natural light.

La présence d'immenses baies vitrées favorisera non seulement l'intégration avec le jardin, mais également l'entrée de lumière naturelle.

Große Fenster ermöglichen nicht nur die Integration des Gartens sondern lassen auch viel Tageslicht ein.

De aanwezigheid van grote ramen is niet alleen bevorderlijk voor de integratie met de tuin, maar verbetert ook de lichtinval.

390

Try to promote the views of the pool from inside the house with a large glass expanse.

Veillez à favoriser les vues sur la piscine depuis l'intérieur du logement en installant une grande baie vitrée.

Sorgen Sie mit einem großen Fenster für einen guten Blick auf das Schwimmbecken vom Haus aus.

Probeer ervoor te zorgen dat u van binnenuit een fraai uitzicht op het zwembad heeft door een groot raam.

391

Do not mix styles. Avoid eclectic and disparate spaces because you will only create a chaotic and divided environment.

Ne mélangez pas les styles. Évitez les espaces éclectiques et disparates qui ne serviront qu'à créer une atmosphère chaotique et divisée.

Vermischen Sie keine unterschiedlichen Stile. Vermeiden Sie ungleiche Bereiche mit verschiedenen Stilrichtungen, weil Sie dadurch nur eine chaotische, fragmentierte Umgebung schaffen.

Meng stijlen niet door elkaar. Voorkom eclectische en uiteenlopende ruimtes, omdat u zo alleen een chaotische en verknipte entourage krijgt.

© Dario Fusaro

392

Pines will provide shade but also an abundant source of waste throughout the month.

Pinien oder Kiefern spenden Schatten, aber im Lauf der Monate verursachen sie auch eine Menge Abfall.

Les pins apporteront de l'ombre mais seront également sources de déchets abondants tout au long de l'année.

Pijnbomen geven wel schaduw, maar er druppelt voortdurend hars af.

© Jordi Miralles

393

Be careful when planting trees close to the pool. Willows, poplars, alders and fig trees, among others are not recommended.

Faites attention aux arbres plantés à proximité de la piscine. Il convient d'éviter les saules, les peupliers noirs, les aulnes et les figuiers, entre autres.

Vorsicht, wenn sie Bäume in der Nähe des Schwimmbeckens pflanzen. Unter anderen sind Weiden, Pappeln, Erlen und Feigenbäume nicht ratsam.

Wees voorzichtig met het planten van bomen in de buurt van het zwembad. Populieren, elzen en vijgenbomen zijn bijvoorbeeld af te raden.

—

© Dook

394

Do not go for the cheapest option, as quality material and professionalism come with a price.

Ne vous fiez pas aux devis les moins élevés ; la qualité des matériaux et le professionnalisme ont un prix.

Seien Sie vorsichtig, wenn diese zu billig ausfallen, denn qualitativ hochwertiges Material und professionelle Arbeit haben ihren Preis.

Wees wantrouwig ten opzichte van al te goedkope zwembaden. Materialen van kwaliteit en professionaliteit zijn prijzig.

——

© Dook

395

Ask different specialists for estimates before building the pool.

N'hésitez pas à demander des devis auprès de plusieurs spécialistes avant de construire la piscine.

Scheuen Sie sich nicht, vor dem Bau des Schwimmbeckens bei verschiedenen Spezialisten Kostenvoranschläge einzuholen.

Aarzel niet om aan verschillende specialisten een prijsopgave te vragen alvorens het zwembad aan te leggen.

——

© Géraldine Bruneel

396

If you want to make good use of the land where the pool will be located, remember that rectangular shapes make better use of space than curved or kidney-shaped pool.

Si vous voulez profiter au maximum du terrain sur lequel la piscine est bâtie, sachez que les formes rectangulaires permettent de mieux exploiter l'espace que les formes courbes ou réniformes.

Wenn Sie das Gelände, in dem sich das Schwimmbecken befinden soll, gut ausnützen wollen, denken Sie daran, dass rechteckige Formen den Platz besser ausnutzen als gekurvte oder nierenförmige Becken.

Als u het terrein waar het zwembad ligt optimaal wilt indelen, onthoud dan dat rechthoekige vormen de ruimte beter benutten dan ronde of niervormige vormen. eethoek, is erg belangrijk.

© Dario Fusaro

397

Some small trees suitable for planting near the pool are the orange, lemon, loquat and palm tree, among others.

Certains petits arbres adaptés aux bords des piscines sont l'oranger, le citronnier, le néflier et le palmier, entre autres.

Zu den kleinen Bäumen, die für die nahe Umgebung des Schwimmbeckens geeignet sind, gehören u.a. Orangen-, Zitronen-, Mispelbäume und Palmen.

Enkele kleine bomen die wel geschikt zijn om in de buurt van het zwembad te planten zijn sinaasappel-, citroen- en mispelbomen en palmen.

© Jordi Miralles

398

There are systems to cover the surface of the water during the cold season, such as canvas or plastic covers.

Es gibt Abdeckungen für die Wasseroberfläche während der kalten Jahreszeit, wie Planen aus Segeltuch oder Plastik.

Il existe des systèmes permettant de couvrir la surface de l'eau pendant la période de froid (bâches ou toiles en plastique).

Er zijn systemen om het wateroppervlak in koude tijden af de dekken, zoals bedekkingen van doek of plastic.

© Géraldine Bruneel, Agop Kanledjian

399

Do not mix chemicals products to prevent chemical reactions. Use them as little as possible.

Mischen Sie keine chemischen Produkte, um chemische Reaktionen zu vermeiden. Verwenden Sie so wenig wie möglich davon.

Ne mélangez pas de produits chimiques pour éviter toute réaction. Utilisez ces produits le moins possible.

Meng geen chemische producten, om chemische reacties te voorkomen. Gebruik ze zo min mogelijk.

© Géraldine Bruneel, Agop Kanledjian

400

Fit sliding glass doors to access the pool. You will be able to enjoy the spectacular views from inside and easy access to the garden.

Bringen Sie gläserne Schiebetüren am Zugang zum Schwimmbecken an. Sie schaffen dadurch eine vorzügliche Sicht vom Hausinneren und einen bequemen Zugang zum Garten.

Installez des portes coulissantes en verre donnant accès à la piscine. Ceci vous permettra de jouir de vues privilégiées depuis l'intérieur et de vous rendre en toute commodité dans le jardin.

Plaats glazen schuifdeuren om toegang tot het zwembad te verschaffen. Zo kunt u genieten van een bevoorrecht uitzicht vanuit de woning en heeft u eenvoudig toegang tot de tuin.

© Jordi Miralles

401

Avoid planting species that may damage the paving with their roots.

Pflanzen Sie keine Arten, die den Bodenbelag mit ihren Wurzeln zerstören könnten.

Évitez la plantation d'espèces susceptibles d'abîmer le sol avec leurs racines.

Plant geen soorten die met hun wortels de bestrating kunnen beschadigen.

© Jordi Miralles

402

There are systems that warn you when someone or something over 44 lbs falls into the water. There are recommended security systems, especially if there are children in the house.

Il existe des alarmes qui se déclenchent lorsqu'une personne ou un objet pesant plus de 20 kilos tombe dans l'eau. Ces systèmes de sécurité sont recommandés, tout particulièrement lorsque des enfants vivent dans la maison.

Es gibt Alarmanlagen, die warnen, wenn jemand oder etwas von über 20 kg Gewicht ins Wasser fällt. Diese Anlagen sind empfehlenswert, besonders, wenn Kinder im Haus leben.

Er zijn alarmen op de markt die waarschuwen als er iets van meer dan twintig kilo in het water valt. Dit zijn aanbevolen veiligheidssystemen, met name als er kinderen in huis zijn.

403

The best time to condition the pool with chemicals is at dusk or at night, when not in use.

La tombée du jour et la nuit, à savoir lorsque le bassin n'est pas utilisé, sont les meilleurs moments pour traiter une piscine avec des produits chimiques.

Der beste Moment, das Schwimmbecken mit chemischen Produkten zu versorgen ist abends oder nachts, wenn es von niemandem benutzt wird.

Het geschiktste moment voor het gereed maken van het zwembad met chemische producten is bij het vallen van de avond of 's nachts, als het zwembad niet gebruikt wordt.

404

Get an elevated position over the pool area as if it were a viewpoint designed as a rest area.

Recherchez une position plus élevée que la zone de la piscine, comme s'il s'agissait d'un belvédère conçu comme zone de repos.

Errichten Sie eine erhöhte Ruhezone über dem Schwimmbeckenbereich, so als handelte es sich um einen Aussichtsplatz.

Leg het zwembad aan op een iets verhoogd oppervlak, als ware het een uitkijkpunt dat ontworpen is als ontspanningszone.

© Tuca Reinés

405

Do not use opaque materials on balconies as they impede the view of the area.

Évitez les balcons fabriqués à partir de matériaux opaques car ces derniers occultent les vues sur les environs.

Vermeiden Sie Balkone, die aus undurchsichtigen Materialien hergestellt sind, da sie die Sicht auf die Umgebung behindern.

Vermijd balkons met ondoorzichtige materialen, omdat die het uitzicht op de omgeving belemmeren.

© Jordi Miralles

If you decide on a rectangular shaped pool, a crescent-shaped area for the steps has a particularly attractive appearance.

Si vous optez pour une forme rectangulaire, réservez un espace en forme de demi-lune pour les marches. Ce type d'aménagement fait particulièrement bon effet.

Wenn Sie sich für eine rechteckige Form entscheiden, bauen Sie eine halbkreisförmige Treppe ein. Das sieht besonders gut aus.

Als u kiest voor een rechthoekige vorm, reserveer dan een gedeelte voor trappen in de vorm van een halve maan. Dat geeft een mooi effect.

407

Choose materials for their durability and maintenance.

Wählen Sie die Materialien nach Haltbarkeit und Pflegeleichtigkeit aus.

Choisissez les matériaux en fonction de leur durabilité et du besoin d'entretien.

Kies de materialen afhankelijk van hun duurzaamheid en onderhoudsvereisten.

408

Add a waterfall that gives the water movement.

Ajoutez une cascade. Cet élément apporte un certain mouvement à l'eau.

Bauen Sie einen Wasserfall ein, der Bewegung ins Wasser bringt.

Leg een waterval aan, waardoor het water beweegt.

© Jordi Miralles

409

The edges should always be rounded to prevent accidents.

Les bords doivent toujours être arrondis pour éviter les accidents.

Die Ränder sollten immer abgerundet sein, um Unfälle zu verhindern.

De randen moeten altijd afgerond zijn, om ongelukken te voorkomen.

© Jordi Miralles

410

Interior pool lighting will add special beauty at nighttime.

Die Innenbeleuchtung des Schwimmbeckens ist in der Nacht besonders schön.

L'éclairage intérieur de la piscine apportera une beauté particulière pendant la nuit.

Binnenverlichting in het zwembad geeft 's avonds en 's nachts een extra fraai effect.

© Hotel Paradisus

411

The color of the pool will always depend on personal taste and the predominant colors in the setting.

La couleur de la piscine dépendra systématiquement des goûts personnels et des couleurs dominantes des environs.

Die Farbe des Schwimmbeckens hängt immer vom persönlichen Geschmack und von den überwiegenden Farben der Umgebung ab.

De kleur van het zwembad is altijd afhankelijk van persoonlijke voorkeur en van de overheersende kleuren in de omgeving.

412

The border path should be designed with anti-slip and heat-resistant material.

La périphérie de la piscine doit être conçue à l'aide de matériaux antidérapants faisant preuve d'un bon comportement face à la chaleur.

Der umlaufende Gehweg sollte aus rutschfestem und hitzebeständigem Material sein.

Het loopgedeelte rond het zwembad moet worden ontworpen met materialen waarop men niet uitglijdt en die bovendien goed bestand zijn tegen de hitte.

413

To shield the installations room, simply make use of a few good plants. It will be concealed and pleasing to the eye.

Pour protéger l'abri de rangement des accessoires, faites tout simplement appel à de belles plantes. Celui-ci sera dissimulé et agréable à la vue.

Für den Schutz des Geräteschuppens bedienen Sie sich einfach einiger schöner Pflanzen. Sie verbergen den Schuppen und sehen gut aus.

Om de ruimte voor de hulpmiddelen af te schermen kunt u gebruik maken van een aantal goede planten. Zo blijft het gebouwtje verborgen en wordt het uitzicht niet verstoord.

© Jordi Miralles

414

Keep a place for the filter and pump.

Un endroit pour les filtres et la pompe doit être prévu.

Für den Filter und die Pumpe muss ein Platz vorgesehen werden.

Er moet een ruimte zijn om de filters en de pomp te installeren.

© Jordi Miralles

If you decide to refurbish the pool, first of all you must remove all the water and then check the condition of cladding, covering any crack or crevice in the joints.

Si vous décidez de rénover la piscine, vous devrez tout d'abord retirer l'eau puis vérifier l'état du revêtement, en colmatant toutes les égratignures ou fissures ayant pu se former au niveau des joints.

Wenn Sie das Schwimmbecken renovieren, müssen Sie zuerst das Wasser vollständig ablassen und den Zustand der Beschichtung überprüfen. Füllen Sie alle Spalten oder Risse, die sich in den Fugen gebildet haben.

Wilt u het zwembad renoveren, dan dient u als eerste maatregel het water te laten weglopen en vervolgens de staat van de bekleding te controleren en alle scheuren of barsten tussen de naden te repareren.

© Jordi Miralles

GRILLS AND EXTERIOR KITCHENS

Outdoor rooms

BARBECUES ET CUISINES EXTÉRIEURES

Pièces extérieures

GRILLPLÄTZE UND KÜCHEN IM FREIEN

Zimmer im Freien

BARBECUES EN BUITENKEUKENS

Buitenvertrekken

OUTDOOR ROOMS

Grills and Exterior Kitchens

A delicious cookout with family or friends is one of the pleasures of the weekend or an evening after work. For this reason, a grill, barbecue or outdoor kitchen is a must in the garden to cook comfortably.

PIÈCES EXTÉRIEURES

Barbecues et cuisines extérieures

Profiter à l'air libre d'un barbecue appétissant en famille ou entre amis est l'un des plus grands plaisirs du week-end ou d'une soirée organisée après une journée de travail. C'est pour cette raison que le jardin se doit de posséder un coin barbecue, un gril ou une cuisine extérieure permettant la préparation de plats en toute commodité.

ZIMMER IM FREIEN

Grillplätze und küchen im freien

Grillen im Freien mit Familie oder Freunden gehört zu den Wochenend- oder Feierabendfreuden. Deshalb darf im Garten kein Grillplatz fehlen oder ein Ort, an dem man bequem ein Essen im Freien zubereiten kann.

BUITENVERTREKKEN

Barbecues en buitenkeukens

Gezellig buiten eten met de hele familie of met vrienden genieten van een heerlijk gebraad is een van de genoegens van het weekend of van een avond na het werk. Daarom mag er in de tuin geen barbecue, grill of buitenkeuken ontbreken waar men comfortabel kan koken.

< © Chipper Hatter

416

Be careful with the proximity of plants and shrubs to prevent fires.

Prenez garde à la proximité des plantes et des arbustes pour éviter tout incendie accidentel.

Man muss auf in der Nähe stehende Pflanzen oder Sträucher achten, damit es kein unerwünschtes Feuer gibt.

Wees voorzichtig met planten en struiken die te dicht bij de barbecue staan, ze kunnen brand veroorzaken.

© DARDELET

417

To remove embers and food scraps, cover the bottom of the grill with aluminum foil before adding the wood or coal.

Pour retirer plus facilement les braises et les restes d'aliments, recouvrez le fond du barbecue de papier d'aluminium avant d'y déposer le bois ou le charbon.

Damit man Glut und Essensreste besser entfernen kann, bedecken Sie den Boden des Grills mit Alufolie bevor Sie das Holz oder die Holzkohle auflegen.

Om gloeiend houtskool en etensresten eenvoudiger te verwijderen kunt u de bodem van de barbecue bedekken met aluminiumpapier alvorens er brandhout of houtskool in te doen

—

© Miquel Tres

418

Before installing an outdoor fireplace, follow a series of safety tips.

Bevor man einen Kamin im Freien aufstellt, muss man eine Reihe von Sicherheitsratschlägen befolgen.

—

© Rob Brown

Avant d'installer une cheminée en plein air, il importe de suivre une série de conseils de sécurité.

Alvorens een barbecue met schoorsteen in de open lucht te installeren dient u een aantal aanbevelingen met betrekking tot de veiligheid op te volgen.

Before using the grill, let it heat up for five or ten minutes. This will help to evaporate the fat and prevent smoke and odors.

Avant d'utiliser un barbecue, laissez-le chauffer de cinq à dix minutes. Vous permettrez ainsi à la graisse de s'évaporer et éviterez les fumées et mauvaises odeurs.

Bevor Sie den Grill benutzen, erhitzen Sie ihn fünf oder zehn Minuten lang. So verdunstet das Fett und Rauch und schlechter Geruch werden vermieden.

Verwarm de barbecue vijf tot tien minuten voor alvorens hem te gebruiken. Zo laat u het vet verdampen en voorkomt u rook en onaangename geuren.

© Aiko Mitsibishi

420

The barbecue should be in a place protected from wind so that the fumes and odors do not enter the house.

Le barbecue devrait être situé dans un lieu protégé du vent pour que la fumée et les mauvaises odeurs n'entrent pas dans la maison.

Die Grillstelle sollte an einem windgeschützten Ort platziert werden, damit Rauch und unangenehme Gerüche nicht ins Innere des Zuhauses eindringen.

De barbecue zou op een tegen de wind beschermde plaats moeten staan zodat rook en onaangename geuren niet in de woning komen.

—

© Aiko Mitsibishi

421

Study the safety rules and bylaws of your city.

Étudiez les normes de sécurité et les règlements municipaux.

Unterrichten Sie sich über die in Ihrer Stadt geltenden Sicherheitsnormen und Vorschriften.

Ga na welke veiligheidsnormen en voorschriften er in uw woonplaats gelden.

422

Decide where to install it.

Décidez de l'endroit d'installation.

Man muss den Ort bestimmen, wo er installiert werden soll.

Besluit op welke plaats u de barbecue wilt installeren.

423

Make sure that the fireplace is as far away as possible from the house.

Veillez à ce que la cheminée soit la plus éloignée possible du logement.

Stellen Sie sicher, dass der Kamin so weit wie möglich vom Haus entfernt steht.

Zorg ervoor dat de barbecue zo ver mogelijk van de woning vandaan ligt.

© Peter Kerze

424

Try not to place it near the greenery of the garden. A small spark could trigger a fire.

Évitez de construire la cheminée à proximité de la végétation du jardin. Une petite étincelle peut en effet provoquer un incendie.

Stellen Sie den Kamin nicht in der Nähe der Gartenpflanzen auf. Ein kleiner Funken könnte ein Feuer verursachen.

Plaats de barbecue niet dichtbij de begroeiing van de tuin. Een kleine vonk kan al een brand veroorzaken.

© John Elis

Avoid areas with too much sun. The cooking element should be in a shaded protected area to make the chef's job easier.

Évitez les zones excessivement exposées au soleil. Il est recommandé de situer la zone de cuisson dans un espace protégé ombragé pour faciliter la tâche du cuisinier.

Vermeiden Sie Plätze mit viel Sonne. Es ist ratsam den Grillbereich an einem geschützten, schattigen Ort einzurichten, um die Aufgabe des Kochs zu erleichtern.

Vermijd zones met teveel zon. Het is raadzaam om de kookzone op een beschutte plaats neer te zetten en met schaduw, om de taak van de kok te vergemakkelijken.

ARBORÈTUM © Jordi Jové

426

There are fireplaces suitable for outdoor use, which are ideal for the terrace or the courtyard even in winter. They can be easily moved from one place to another and take up very little space.

Certains modèles de cheminées sont spécialement conçus pour l'extérieur et sont idéals pour profiter de la terrasse ou de la cour même en hiver. Elles peuvent être déplacées d'un endroit à un autre sans aucun problème et occupent très peu de place.

Es gibt Kamine, die für Außenbereiche gedacht sind und ideal dafür, dass man den Aufenthalt auf der Terrasse oder im Innenhof sogar im Winter genießen kann. Man kann sie problemlos von einer Stelle an eine andere versetzen und sie brauchen sehr wenig Platz.

Er bestaan barbecues die geschikt zijn voor buiten en die ideaal zijn om van te genieten op een terras of een patio, zelfs in de winter. Ze kunnen probleemloos worden verplaatst en nemen weinig ruimte in.

© Klaus Aalto

427

The type of fireplace does not matter; however, make sure that the fire is enclosed.

Le type de cheminée utilisée importe peu. En revanche, assurez-vous que le feu soit confiné.

Der Kamin-Typ ist unerheblich, aber Sie sollten sich wohl versichern, dass sich das Feuer nicht außerhalb des Ofens ausbreiten kann.

Ongeachte welke barbecue u gebruikt: zorg ervoor dat u het vuur onder controle houdt.

© Undine Pröhl

428

If the idea is to cook in the outdoor fireplace, make sure you have all the equipment and cooking utensils at hand.

Si votre souhait est de pouvoir cuisiner en plein air directement dans la cheminée, assurez-vous de disposer de tous les équipements et ustensiles à portée de main.

Wenn Sie vorhaben, im Kaminofen im Freien zu grillen, sorgen Sie dafür, dass Sie alle Geräte und Kochutensilien zur Hand haben.

Als u voornemens bent om buiten het eten te bereiden, zorg er dan voor dat u alle faciliteiten en keukengerei bij de hand hebt.

© Undine Pröhl

429

Children should be supervised when near the fireplace.

Les enfants doivent être sous surveillance lorsqu'ils se trouvent à côté de la cheminée.

Stellen Sie den Kamin nicht in der Nähe der Gartenpflanzen auf.

Houd kinderen in de gaten als ze in de buurt van de barbecue komen.

© Undine Pröhl

Building an outdoor fireplace can be a pretext for building a virtually complete kitchen with stove, dishwasher, table with chairs and a pergola outdoors.

La construction d'une cheminée extérieure peut être l'occasion de bâtir une cuisine extérieure presque entièrement équipée, avec fourneaux, lave-vaisselle, table, chaises et pergola.

Der Bau eines Außenkamins kann ein Vorwand dafür sein, im Freien eine fast komplette Küche mit Herd, Geschirrspüler, einem Tisch mit Stühlen und einer Pergola zu errichten.

De aanleg van een barbecue buiten kan een mooie gelegenheid zijn om ook een buitenkeuken te installeren, compleet met fornuis, vaatwasser, tafel en stoelen en een pergola.

© Aiko Mitsibishi

Gas grills are ideal if you are looking for easy maintenance and convenience, as they are easily turned on without the need to light embers.

Les barbecues à gaz sont idéals si vous recherchez un entretien simple et un certain confort. Ces appareils s'allument en effet rapidement sans avoir à préparer de braises.

Gasgrills sind ideal, wenn man einen pflegeleichten und praktischen Grill haben möchte, da man sie schnell anzünden kann, ohne Glut entfachen zu müssen.

Gasbarbecues zijn ideaal als u een praktische barbecue wilt die eenvoudig in het onderhoud is, aangezien ze snel aan gaan en er geen gloeiend houtskool nodig is.

© Undine Pröhl

432

Barbecues or charcoal grills are the most traditional type with the tastiest results.

Évitez de construire la cheminée à proximité de la végétation du jardin. Une petite étincelle peut en effet provoquer un incendie.

Stellen Sie den Kamin nicht in der Nähe der Gartenpflanzen auf. Ein kleiner Funken könnte ein Feuer verursachen.

Plaats de barbecue niet dichtbij de begroeiing van de tuin. Een kleine vonk kan al een brand veroorzaken.

© Richard Powers

Distribute the furniture around an outdoor kitchen or grill to organize a cozy gathering between friends while the food is prepared.

Distribuez le mobilier autour d'une cuisine extérieure ou d'un barbecue pour y organiser des réunions agréables entre amis pendant la préparation du repas.

Stellen Sie die Möbel rund um einen Herd oder einen Grill im Freien so auf, dass Sie eine gemütliche Freundesrunde um sich haben können, während Sie das Essen zubereiten.

Rankschik de meubels rond het zwembad of de barbecue, zodat men gezellig met elkaar kan kletsen terwijl het eten wordt bereid.

434

Barbecues and electric grills are an excellent option for those who want to barbecue on the terrace or balcony.

Les barbecues ou grils électriques sont une excellente option pour celles et ceux qui veulent disposer d'un appareil sur une terrasse ou un balcon.

Elektrische Barbecues oder Grills sind eine ausgezeichnete Möglichkeit für diejenigen, die einen Grill auf einer Terrasse oder einem Balkon haben möchten.

Elektrische barbecues of grills zijn een uitstekende optie voor degenen die op het terras of op een balkon willen barbecuen.

© Pere Planells

435

A disadvantage of charcoal grills is their maintenance, as they get very dirty and generate a lot of smoke.

L'inconvénient des grils à charbon réside dans leur entretien, puisque ces équipements se salissent énormément et dégagent beaucoup de fumée.

Ein Nachteil der Holkohlegrills ist deren Wartung, da sie sehr schmutzig werden und viel Rauch erzeugen.

Een nadeel van grills op houtskool is dat ze onderhoud vereisen, aangezien ze erg vies worden en veel rook afgeven.

© Undine Pröhl

436

Before choosing a model, consider the space available so the unit does not visually invade the garden.

Bevor Sie ein Modell aussuchen, überlegen Sie, über wie viel Platz Sie verfügen, damit der Grill optisch nicht überhand nimmt.

Avant de choisir un modèle, tenez compte de l'espace disponible pour que le gril n'envahisse pas visuellement le jardin.

Bekijk, alvorens een model uit te zoeken, welke ruimte er beschikbaar is, zodat de grill de tuin niet visueel in beslag neemt.

437

Go for modular models that integrate two burners, a small oven and two side drawers for organizing and storing utensils.

Optez pour des modèles modulables intégrant fourneaux, petit four et deux tiroirs latéraux pour l'agencement et le stockage des ustensiles.

Wählen Sie Module, die Kochplatten, einen kleinen Backofen und zwei seitliche Schubladen für die Gerätschaften enthalten.

Kies voor modulaire modellen met twee geïntegreerde pitten, een kleine oven en twee laden aan de zijkant om keukengerei netjes in op te bergen.

© Undine Pröhl

438

Some models even come with a refrigerator for preserving food and drinks.

Certains modèles sont même équipés d'un réfrigérateur pour y conserver des aliments et des boissons.

Bei manchen Modellen gibt es sogar einen Kühlschrank für die Aufbewahrung von Lebensmitteln und Getränken.

Sommige modellen hebben zelfs een koelkast om voedsel en drank in te bewaren.

© Undine Pröhl

439

Clean the grill every time you use it. Bacteria grows in infected food particles.

Nettoyez la grille après chaque utilisation. Les bactéries peuvent se développer sur les particules d'aliments déposées.

Reinigen Sie den Grill jedesmal wenn Sie damit grillen. In den Partikeln der Lebensmittel, die sich festsetzen, können sich Bakterien entwickeln.

Maak de grill na ieder gebruik schoon. In aangekoekte etensresten kunnen zich bacteriën ontwikkelen.

ARBORÈTUM © Jordi Jové

440

When the grill is still hot, use a heavy wire brush to remove particles.

Lorsque la grille est encore chaude, utilisez une brosse métallique épaisse pour retirer les particules.

Benutzen Sie zur Entfernung der Partikel eine Drahtbürste, wenn der Grill noch warm ist.

Gebruik een staalborstel om resten weg te boenen terwijl de grill nog heet is.

ARBORÈTUM © Jordi Jové

441

Some islands have an adjustable light panel at the top to illuminate the cooking area.

Manche Kochinseln haben eine verstellbares Lichtpanel im Oberteil, das den Kochbereich beleuchtet.

Certains îlots disposent d'un panneau supérieur de lumières réglables qui illuminent la zone de cuisson.

Sommige kookeilanden hebben een paneel met regelbare lampen aan de bovenkant, die de kookzone verlichten.

© Aiko Mitsubishi

442

Find a dry spot protected from the rain to store wood. There are models with shelves and spaces that keep the wood stacked and in order.

Choisissez un endroit sec et protégé de la pluie pour entreposer le bois. Il existe des modèles équipés d'étagères ou de cages qui permettent de conserver le bois empilé et rangé.

Lagern Sie Ihr Feuerholz an einem trockenen und vor Regen geschützten Ort. Regalbretter und Fächer sorgen dafür, dass das Holz ordentlich verstaut werden kann.

Zoek een droge, tegen de regen beschermde plek om brandhout te bewaren. Er zijn modellen met planken of openingen waarin het hout netjes opgestapeld kan worden.

443

An interesting solution that can be transported easily. This portable barbecue takes up little space and can be stored where you want.

Une solution intéressante facilement transportable. Ce barbecue portable occupe peu d'espace et peut être entreposé où bon vous semble.

Eine interessante Lösung, die einfach zu transportieren ist. Dieser tragbare Grill nimmt wenig Platz in Anspruch und kann überall aufbewahrt werden.

Een interessante oplossing die met alle gemak kan worden verplaatst. Deze draagbare barbecue neemt weinig ruimte in beslag en kan waar u maar wilt worden opgeborgen.

© TOOLS DESIGN

444

Away from heat and protected from the sun, you can enjoy the garden twenty four hours a day, even at midday, eating outside.

À l'abri de la chaleur et du soleil, vous pourrez profiter du jardin 24h sur 24, y compris à midi en mangeant à l'extérieur.

Wird eine Ecke vor Hitze und direkter Sonneneinstrahlung geschützt, kann man den Garten rund um die Uhr nutzen und sogar zur Mittagszeit unter freiem Himmel essen.

Beschut tegen de warmte en de zon kunt u vierentwintig uur per dag van de tuin genieten en kunt u zelfs buiten lunchen.

© Grant Scott

445

Install a wooden pergola to create a new environment in the garden. As well as being a decorative element, it gives you a spot to relax away from the sunlight.

Installieren Sie eine Pergola aus Holz, um ein neues Ambiente in Ihrem Garten zu schaffen. Somit verfügen Sie nicht nur über ein zusätzliches Dekoelement, sondern auch über einen sonnengeschützten Ort zum Ausruhen und Entspannen.

Installez une pergola en bois pour instaurer une nouvelle atmosphère dans le jardin. En plus d'être un élément décoratif, la pergola permet de créer un espace de détente protégé du soleil.

Installeer een houten pergola om een nieuwe ambiance in de tuin te creëren. Het is niet alleen een decoratief element, maar biedt ook een ontspanningsruimte beschermd tegen de zon.

© Galder Izqguirre

446

Place the barbecue in an isolated place where there is no vegetation.

Placez le barbecue dans un endroit isolé, où il y a peu de végétation.

Platzieren Sie den Grill an einer abgelegenen Stelle mit möglichst wenig Vegetation.

Zet de barbecue op een afgezonderde plek, waar niet veel planten staan.

© Hisao Suzuki

447

The grill must always be located in an open area.

Le gril doit toujours être placé dans une zone ouverte.

Der Grill muss immer in einem offenen Bereich stehen.

Zet de grill altijd in een open ruimte.

448

Never use water to control sudden fire containing fat in the gas grill.

Bei Gasgrills benutzen Sie kein Wasser, um plötzlich auflodерndes Feuer, das Fett enthalten kann, zu kontrollieren.

Sur les grils à gaz, n'utilisez jamais d'eau pour contrôler une flambée soudaine contenant de la graisse.

Gebruik bij een grill op gas nooit water om vuur te blussen dat vet bevat.

449

Utensil should be at arm's reach at all times during cookouts. This will avoid unnecessary trips to the kitchen.

Les ustensiles doivent se trouver à portée de main lors des repas à l'extérieur. Cela permet d'éviter les déplacements inutiles.

Sämtliche erforderlichen Utensilien sollten sich beim Essen unter freiem Himmel stets in Reichweite befinden, um unnötige Wege zu vermeiden.

Het keukengerei dient tijdens maaltijden buiten altijd binnen bereik te zijn. Zo worden onnodige verplaatsingen vermeden.

© Ricardo Labougle

450

One solution can be to opt for storage furniture exclusively for outdoors use.

Eine Lösung dafür bieten speziell für den Außenbereich entworfene Möbel zur Aufbewahrung.

Une solution peut être d'opter pour un mobilier de rangement exclusivement destiné aux extérieurs.

Opbergmeubels die exclusief voor buiten bestemd zijn kunnen een oplossing zijn.

© Ricardo Labougle

451

Before using a grill for the first time each season, check it thoroughly to make sure that all connections are in working order and that there are no leaks or blockages.

En début de saison, avant d'utiliser une rôtissoire pour la première fois, procédez à une inspection complète pour vous assurer de la connexion correcte de tous les branchements et de l'absence de fuites ou d'obstacles.

Bevor Sie in jeder Saison den Grill zum ersten Mal benutzen, überprüfen Sie ihn vollständig, um sicher zu gehen, dass alle Verbindungen fest verkuppelt sind und dass es keine Lecks oder Verstopfungen gibt.

Controleer, alvorens de grill voor de eerste keer van het seizoen te gebruiken, of alle verbindingen goed zijn aangesloten en dat er geen sprake is van lekken of verstoppingen.

452

There are prefabricated wooden pergolas in different sizes that can be custom-made to suit our needs.

Il existe des pergolas en bois préfabriquées de différentes tailles que l'on peut commander au fur et à mesure de nos besoins.

Vorgefertigte Pergolen aus Holz sind in unterschiedlichen Abmessungen erhältlich und lassen sich an individuelle Bedürfnisse anpassen.

Er bestaan houten prefab pergola's van verschillende afmetingen die al naargelang onze behoeften kunnen worden besteld.

© Scott Shigley

453

It's a good idea to have a fire extinguisher nearby.

Disposer d'un extincteur d'incendie à portée de main est une excellente idée.

Man sollte immer einen Feuerlöscher zur Hand haben.

Het is een goed idee om een brandblusser binnen handbereik te houden.

© Bill Timmerman

454

There are many different barbecue models on the market. Choose a durable, resistant design that is comfortable to roast meats.

Il existe une grande variété de modèles de barbecues sur le marché. Choisissez un modèle durable, résistant et pratique pour faire griller de la viande.

Auf dem Markt stehen unzählige Grillmodelle zur Auswahl. Entscheiden Sie sich für eine langlebige, widerstandfähige und leicht zu bedienende Ausführung.

Er zijn talrijke barbecuemodellen verkrijgbaar. Kies een duurzaam, stevig model dat comfortabel is om vlees te braden.

455

Grill vegetables such as onions, peppers, mushrooms, tomatoes, eggplant, zucchini or squash.

Grillen Sie Gemüse wie Zwiebeln, Paprika, Champignons, Tomaten, Auberginen, Zucchini oder Kürbis.

Utilisez le gril pour rôtir des légumes comme les oignons, les poivrons, les champignons, les tomates, les aubergines, les courgettes ou les citrouilles.

Grill eens groente, zoals ui, paprika, champignons, tomaten, aubergine, courgette of pompoen.

456

Brick is the most used material for its speed in the construction of chimneys.

La brique est le matériau le plus utilisé pour sa rapidité dans la construction de cheminées.

Aufgrund ihrer schnellen Verarbeitung werden Ziegel am häufigsten für den Bau von Rauchfängen herangezogen.

De baksteen is het meest gebruikte materiaal omdat schoorstenen er snel mee gebouwd kunnen worden.

© Carlos Dominguez

457

If the barbecue is going to be used frequently it is advisable to design a space to allow you to prepare foods outdoors.

Si le barbecue va être utilisé plus fréquemment, mieux vaut le placer à un endroit à l'extérieur qui permet la préparation d'aliments.

Soll die Grillstelle häufig genutzt werden, ist es ratsam, einen Bereich für das Vorbereiten der Speisen einzurichten.

Als de barbecue vaak gebruikt gaat worden dan is het raadzaam om een buitenzone te hebben waar het eten kan worden klaargemaakt.

© Yael Pincus

Pergolas may be covered with fabric awnings when necessary or simply used as a support for climbing plants.

Les pergolas peuvent être recouvertes avec des stores en toile si nécessaire ou simplement être utilisées comme support pour les plantes grimpantes.

Pergolen können mit einem Stoffhimmel ausgestattet werden oder als Rankhilfe für Kletterpflanzen dienen.

Pergola's kunnen zo nodig worden afgedekt met stoffen zonneschermen of kunnen simpelweg gebruikt worden als ondersteuning voor klimplanten.

© Raimund Koch

459

Wood is a good option for its elegance, comfort and for its resistance to the elements. If you are looking for an economic option, opt for treated pine.

Le bois est un bon choix pour son élégance, son confort et sa résistance aux intempéries. Si vous recherchez une option économique, optez pour le pin traité.

Holz ist aufgrund seiner Eleganz, seiner Wärme und seiner Wetterbeständigkeit stets eine gute Wahl. Behandeltes Kiefernholz ist besonders preisgünstig.

Hout is een goede keuze vanwege zijn elegantie, comfort en weerbestendigheid. Bent u op zoek naar een goedkope optie, kies dan voor behandeld grenen.

© Undine Pröhl

460

Optimize space creating different ambiences in this way you will be able to enjoy the outdoors without any disruptions.

Schaffen Sie unterschiedliche Zonen und nutzen so den Platz optimal aus um den Außenbereich in vollen Zügen zu genießen.

© Undine Pröhl

Optimisez l'espace en créant différentes ambiances. Vous pourrez ainsi profiter de l'air libre sans le moindre inconvénient.

Maak optimaal gebruik van de ruimte door verschillende ambiances te creëren, zodat u ongehinderd kunt genieten van de buitenlucht.

GARDEN DECORATING TIPS

Outdoor furniture

Lighting

Accessoires

CONSEILS POUR DÉCORER LE JARDIN

Mobilier extérieur

Éclairage

Accessoires

RATSCHLÄGE ZUR AUSSTATTUNG DES GARTENS

Gartenmöbel

Beleuchtung

Zubehör

TIPS VOOR HET INRICHTEN VAN DE TUIN

Tuinmeubilair

Verlichting

Accessoires

OUTDOOR FURNITURE
Garden Decorating Tips

Furniture suffers outside, even those treated for exterior use. Currently, the trend is the predominance of low maintenance materials and furniture for relaxation. Natural materials such as teak, wicker and stone can be a good option. Humidity is one of the main causes of the deterioration of furniture.

MOBILIER EXTÉRIEUR
Conseils pour décorer le jardin

Les meubles souffrent énormément à l'extérieur, même ceux qui sont conçus à cet effet. Actuellement, la tendance est à la prédominance de matériaux ne nécessitant que très peu d'entretien et au mobilier de détente. Les matériaux comme le teck, l'osier et la pierre sont d'excellentes options. L'humidité est l'une des principales causes de détérioration des meubles.

GARTENMÖBEL
Ratschläge zur ausstattung des gartens

Die Möbel leiden im Freien sehr, selbst wenn sie speziell dafür hergestellt wurden. Zurzeit geht der Trend zu Materialen, die wenig Pflege erfordern und zu Möbeln, die der Entspannung dienen. Natürliche Materialien wie Teak, Rattan und Stein sind eine gute Wahl. Feuchtigkeit ist eine der Hauptursachen für die Abnutzung der Möbel.

TUINMEUBILAIR
Tips voor het inrichten van de tuin

In de buitenlucht hebben meubels veel te lijden, zelfs als ze voor buiten bedoeld zijn. De huidige trends zijn onderhoudsvriendelijke materialen en meubilair om te ontspannen. Natuurlijke materialen zoals teakhout, riet en steen kunnen een goede optie zijn. Vocht is een van de belangrijkste oorzaken van de aantasting van de meubels.

< © KETTAL

461

Teak is one of the most durable materials for garden furniture, as it requires very little maintenance. Even if it is exposed to rain, snow or in direct sunlight it maintains its sturdiness.

Le teck est l'un des matériaux les plus durables pour le mobilier de jardin et ne requiert presque pas d'entretien. Même exposé à la pluie, à la neige et aux rayons du soleil, cette matière conserve sa solidité.

Teak gehört zu den haltbarsten Materialien für Gartenmöbel und braucht fast keine Pflege. Selbst wenn es Regen, Schnee oder Sonne ausgesetzt ist, bleibt es stabil.

Teakhout is een van de duurzaamste materialen voor tuinmeubelen, aangezien het vrijwel geen onderhoud nodig heeft. Zelfs als het materiaal wordt blootgesteld aan regen, sneeuw of felle zon blijft het zijn sterkte houden.

© Deidi von Schaewen

462

Tropical woods are very resistant; to care for them you can wipe them with a cloth soaked with linseed oil twice a year.

Les bois tropicaux sont très résistants. Pour les nourrir, il suffit d'y passer un linge imbibé d'huile de lin deux fois par an.

Tropische Hölzer sind sehr widerstandfähig. Um sie zu imprägnieren kann man sie zweimal jährlich mit einem mit Leinöl getränkten Tuch einreiben.

Tropische houtsoorten zijn erg resistent; om ze te voeden kunt u ze twee keer per jaar inwrijven met een in lijnzaadolie gedrenkte doek.

© Reto Guntli / Zapaimages

463

It is essential to buy resistant pieces and materials suitable for adverse climatic factors.

Es ist wichtig, widerstandsfähige Stücke, die aus wetterfestem Material bestehen, zu kaufen.

Il est essentiel d'acheter des pièces hautement résistantes fabriquées dans des matériaux adaptés aux facteurs climatiques défavorables.

Het is essentieel om onderdelen te kopen die bestendig zijn en materialen die geschikt zijn voor nadelige weersinvloeden.

© Undine Pröhl

464

Outdoor wood furniture has a relatively short duration because it loses color in the sun and cracks with moisture. Teak is one of the most desirable woods but it is pricey.

Le mobilier en bois destiné aux espaces extérieurs possède une durée de vie relativement courte car il perd de la couleur sous l'effet du soleil et se fissure sous l'action de l'humidité. Bien que son prix soit quelque peu élevé, le teck fait partie des bois les plus recommandés.

Holzmöbel halten im Freien relativ kurze Zeit, da sie in der Sonne die Farbe verlieren und in der Feuchtigkeit Risse bekommen. Zu den empfehlenswertesten Hölzern gehört Teak, auch wenn es etwas teurer ist.

Houten meubilair voor buiten gaat relatief kort mee omdat het door de zon verkleurt en er door vocht scheuren ontstaan. Een van de meest aanbevolen soorten is teakhout, hoewel de prijs wat aan de hoge kant is.

—

© Jose Luis Hausmann

465

Choose the material in relation to the time you can devote to its maintenance.

Choisissez le matériau en fonction du temps que vous pouvez consacrer à son entretien.

Wählen Sie das Material nach der Zeit aus, die Sie für seine Pflege aufwenden können.

Kies het materiaal naar gelang de tijd die u kunt besteden aan het onderhoud.

—

© KETTAL

Garden furniture made from natural fibers such as bamboo or bone, cannot withstand either the water or the sun.

Les meubles de jardin composés de fibres naturelles, comme le bambou ou la moelle, ne résistent que très peu à l'eau et au soleil.

Gartenmöbel, die aus Naturfasern wie Bambus oder Rattan bestehen, sind gegen über Wasser und Sonne nicht sehr widerstandsfähig.

Tuinmeubelen met natuurlijke vezels zoals bamboe of pitriet, zijn niet bestand tegen water en zon.

© KETTAL

When choosing outdoor furniture, do not forget that its design will help enhance the ambience you want to create in the garden.

À l'heure de choisir le mobilier extérieur, n'oubliez pas que son design vous aidera à renforcer l'ambiance que vous souhaitez créer dans le jardin.

Wenn Sie Gartenmöbel auswählen, vergessen Sie nicht, dass deren Design Ihnen hilft, das gewünschte Ambiente im Garten zu verstärken.

Vergeet bij het kiezen voor tuinmeubelen niet dat het ontwerp helpt om de entourage die u in de tuin wilt scheppen te versterken.

© KETTAL

Aluminum furniture is ideal for modern, minimalist environments. It visually lightens the space. It is very durable and does not rust because it is finished with polyester paint and it does not require specific maintenance.

Le mobilier en aluminium est idéal dans les ambiances modernes et minimalistes. Il allège visuellement l'espace. Il est particulièrement durable et ne s'oxyde pas grâce aux finitions à base de peinture. De plus, il ne requiert aucun entretien spécifique.

Möbel aus Aluminium sind ideal in einer modernen und minimalistisch gestalteten Umgebung. Sie wirken leicht, sind sehr haltbar und rosten nicht, weil sie mit Polyester überzogen sind. Außerdem brauchen sie keine besondere Pflege.

Aluminium meubelen zijn ideaal in een moderne en minimalistische sfeer. Ze maken de ruimte visueel lichter. Ze zijn zeer duurzaam en roesten niet omdat ze zijn afgewerkt met polyester verf en hebben evenmin specifiek onderhoud nodig.

© Jose Luis Hausmann

469

Wrought iron furniture will bring a rustic air to your garden, but it requires specific maintenance.

Le mobilier en fer forgé apportera un air rustique à votre jardin, même si ce matériau requiert un entretien spécifique.

Schmiedeeiserne Möbel bringen ein rustikales Flair in Ihren Garten, aber sie erfordern besondere Wartung.

Meubelen van smeedijzer geven een landelijk tintje aan uw tuin, hoewel ze wel specifiek onderhoud vereisen.

© Jose Luis Hausmann

470

Resin furniture is cheap and can be cleaned with soap and water.

Le mobilier en résine est bon marché et peut être nettoyé à l'eau et au savon.

Möbel aus Harz sind billig und man kann sie mit Wasser und Seife reinigen.

Meubilair van kunsthars is goedkoop en kan gemakkelijk met water en zeep worden schoongemaakt.

© KETTAL

Furniture made from natural fibers is very decorative and is ideal for luxurious surroundings.

Le mobilier en fibres naturelles est très décoratif et est idéal pour les cadres luxueux.

Mobiliar aus Naturfasern ist sehr dekorativ und ideal für eine luxuriöse Umgebung.

Meubilair van natuurlijke vezels is zeer decoratief en ideaal voor luxe entourages.

© José Luis Hausmann

472

For the maintenance of wood furniture, except teak, clean with a soft, dry cloth.

Um Holzmöbel zu pflegen, mit Ausnahme von Teak, wischen Sie den Staub mit einem trockenen weichen Tuch ab.

Pour entretenir les meubles en bois, et à l'exception du teck, retirez la poussière à l'aide d'un linge sec et doux.

Voor het onderhoud van het houten meubilair, met uitzondering van teakhout, kunt u het stof verwijderen met een droge, zachte doek.

© José Luis Hausmann

473

Wrought iron furniture should be cared for when you see signs of rust.

Schmiedeeiserne Möbel müssen jedesmal behandelt werden, wenn sie Roststellen aufweisen.

Les soins à apporter aux meubles en fer forgé doivent être réalisés à chaque fois que des signes d'oxydation se présentent.

Meubilair van smeedijzer vereist onderhoud zodra er tekenen van roest te zien zijn.

474

Furniture with natural fibers should be protected undercover and never left outdoors.

Le mobilier en fibres naturelles doit être installé sous abri et ne doit jamais être exposé aux intempéries.

Möbel aus Naturfaser müssen unter Dach geschützt werden und niemals unter freiem Himmel bleiben.

Meubilair van natuurlijke vezels moet op een overdekte plaats staan en nooit in de open lucht.

475

If necessary, gently vacuum the surface.

Si nécessaire, aspirez légèrement toute la surface.

Wenn nötig saugen Sie alle Oberflächen leicht mit dem Staubsauger ab.

Stofzuig zonodig het hele oppervlak.

LIGHTING

Garden Decorating Tips

When distributing the points of light, you have to decide what use each area will have and take into account the façade, walls, sitting and passage areas, and points of interest to be highlighted. You must decide whether what you seek is decorative lighting or whether it should allow for specific activities.

ÉCLAIRAGE

Conseils pour décorer le jardin

Pour répartir les points de lumière, il importe de définir l'usage de chaque zone et de tenir compte de la façade et des murs, des espaces de vie et des zones de passage, ainsi que des points que l'on souhaite mettre en évidence. Il convient également de définir la nature de l'éclairage : éclairage décoratif ou éclairage permettant la réalisation d'activités concrètes.

BELEUCHTUNG

Ratschläge zur ausstattung des gartens

Bei der Aufteilung der Leuchtkörper muss man festlegen, welchem Zweck jeder Bereich dienen soll, und Mauern, Sitzecken und Durchgangsbereiche in Betracht ziehen, ebenso wie interessante Stellen, die man hervorheben möchte. Es kommt darauf an, ob es sich um eine dekorative Beleuchtung handeln soll, oder ob man damit bestimmte Aktivitäten ermöglichen möchte.

VERLICHTING

Tips voor het inrichten van de tuin

Bij het verdelen van lichtpunten moet men besluiten waar iedere zone voor gebruikt zal worden. Men moet rekening houden met de gevel en de muren, de leefgedeeltes en de doorgangen en bedenken welke punten moeten opvallen. Wilt u slechts een decoratieve verlichting of moeten er concrete activiteiten bij mogelijk zijn?

< © Galeria Joan Gaspar

476

Illuminate objects that you like to highlight details, e.g. a flowerpot or a fountain.

Profitez des avantages de l'éclairage des détails en mettant en valeur les objets que vous aimez, des pots ou une fontaine.

Nutzen Sie die Vorteile der Beleuchtung von Details aus und heben Sie Objekte, die Ihnen gefallen, Blumentöpfe oder einen Brunnen, hervor.

Benut de voordelen van de verlichting van details en laat voorwerpen opvallen die u mooi vindt, zoals bloembakken of een fontein.

© BLOOM!

477

It is important not to neglect important areas such as walkways or paths, stairs and passageways.

Il est primordial de ne pas négliger certaines zones importantes comme les sentiers ou les chemins, les escaliers et les zones de passage.

Es ist wichtig, gewisse wesentliche Zonen wie Pfade oder Wege, Treppen und Durchgänge nicht zu vernachlässigen.

Het is belangrijk om bepaalde belangrijke zones, zoals paden of doorgangen, trappen en doorgangen, niet te verwaarlozen.

© SANTA & COLE

478

Plan the position of lights to achieve the desired effect.

Planen Sie die Position der Lampen, um den gewünschten Effekt zu erreichen.

ARBORÈTUM © Jordi Jové

Planifiez la position des lumières pour obtenir l'effet recherché.

Bedenk waar de lichten moeten worden geplaatst om het gewenste effect te verkrijgen.

479

You can light up, for example, a few trees and shrubs.

Vous pouvez éclairer certains arbres et arbustes, par exemple.

Sie können z.B. ein paar Bäume und Sträucher beleuchten.

U kunt bijvoorbeeld een paar bomen en struiken verlichten.

© Jordi Miralles

480

The intense light of some fixtures may be uncomfortable.

La lumière intense de certains luminaires peut s'avérer gênante.

Das intensive Licht mancher Lichtquellen kann unangenehm sein.

Intens licht van bepaalde lampen kan ongemakkelijk zijn.

© GANDÍA BLASCO

481

Light up corners of the garden by bringing a magical dimension to the ensemble.

Profitez-en pour éclairer les coins du jardin en donnant une dimension magique à l'ensemble.

Beleuchten Sie bestimmte Winkel des Gartens und verleihen Sie ihm eine magische Dimension.

Verlicht hoekjes in de tuin en voeg op die manier een magische dimensie aan het geheel toe.

482

Do not forget to add light to the doors and windows.

N'omettez pas la lumière sur les portes et les fenêtres.

Vergessen Sie nicht, Türen und Fenster zu beleuchten.

Vergeet niet om de deuren en ramen te verlichten.

José Luis Hausmann

483

Don't overdo it with light sources as you will take away the charm and beauty of the garden at night.

Dosez les points de lumière car s'ils sont trop nombreux, vous atténuerez le charme du jardin enveloppé dans l'obscurité.

Dosieren Sie die Beleuchtung, denn wenn Sie zu viele Lampen anbringen, nehmen Sie dem Garten seine Schönheit, die er in der Dunkelheit entfaltet.

Doseer de lichtpunten. Door een overdaad aan lichtpunten ontneemt u de sfeer die de tuin in het donker uitademt.

© GANDÍA BLASCO

484

You can put projectors with halogen lamps in trees.

In die Bäume kann man Projektoren mit Halogenlampen hängen.

Des projecteurs à lampes halogènes peuvent être placés dans les arbres.

U kunt in de bomen schijnwerpers met halogeenlampen hangen.

© KETTAL

Floor lamps or lampposts of a certain height are ideal for porches, patios and terraces to provide warmth to the space.

Sous les porches, dans les cours et sur les terrasses, les lampes à pied ou les lampadaires sont idéals pour apporter de la chaleur à l'espace.

Auf Veranden, in Höfen und Terrassen sind Stehlampen oder Laternen mit einer gewissen Höhe ideal, um dem Raum Wärme zu verleihen.

In overdekte galerijen, patio's en op terrassen zijn staande lampen of lantaarns met een zekere hoogte ideaal om de ruimte gezelliger te maken.

© Marset

486

Light up the entry to the house with light sources marking the path.

Éclairez l'accès à la maison au moyen de points de lumière qui jalonnent le chemin.

Beleuchten Sie den Zugang zum Haus mit Lichtpunkten, die den Weg markieren.

Verlicht de toegang tot de woning met lichtpunten die het pad aangeven.

487

Medium height beacons or lights in the ground can be used to light up a path through the garden.

Les balises à mi-hauteur ou les projecteurs au sol peuvent servir à éclairer un chemin qui traverse le jardin.

Halbhohe Lampen oder Bodenstrahler können dazu dienen, einen Weg, der durch den Garten führt, zu beleuchten.

Halfhoge lichtbakens of schijnwerpers in de grond kunnen een pad door de tuin verlichten.

488

Discover the benefits of outdoor solar lights that have rechargeable batteries and are made with LED lights.

Découvrez les avantages des lampes solaires pour espaces extérieurs qui sont équipées de batteries rechargeables et sont fabriquées avec des diodes.

Entdecken Sie die Vorteile von Solar-Außenlampen mit aufladbaren Batterien und LED-Leuchten.

Ontdek de voordelen van zonnelampen voor buiten, die oplaadbare batterijen hebben en vervaardigd zijn met LED-lampjes.

489

Opt for lamps with solar cells, or with a motion sensor. Both alternatives make turning them on and off easy.

Optez pour des lampes à cellules photovoltaïques ou bien équipées d'un détecteur de mouvements. Ces solutions faciliteront l'allumage et l'arrêt du dispositif.

Wählen Sie Lampen mit Solarzellen oder mit Bewegungssensoren. Beide Alternativen erleichtern das An- oder Ausschalten.

Kies voor lampen met fotovoltaïsche cellen of met bewegingssensor. Beide alternatieven vergemakkelijken het in- en uitschakelen.

490

Use low consumption light bulbs to save energy.

Verwenden Sie Energiesparlampen.

Utilisez des ampoules à faible consommation pour économiser de l'énergie.

Gebruik energiezuinige lampen om energie te besparen.

ACCESSOIRES
Garden Decorating Tips

To perfect the garden atmosphere, incorporate small decorative details that add charm and help customize the space. The type of accessories will depend on the style you want to achieve and the composition that has been achieved after having chosen the plants and planned the form of the paths and areas of stone.

ACCESSOIRES
Conseils pour décorer le jardin

Pour compléter le cadre du jardin, il est possible d'y incorporer de petits détails décoratifs qui apporteront un charme et aideront à personnaliser l'espace extérieur. Le type d'accessoires dépendra du style recherché et de la composition obtenue après avoir choisi les plantes et aménagé la forme des sentiers et des zones recouvertes de pierres.

ZUBEHÖR
Ratschläge zur ausstattung des gartens

Um das Ambiente im Garten zu vervollständigen, kann man kleine dekorative Elemente anbringen, die fröhlich wirken und zur persönlichen Gestaltung des Außenbereichs beitragen. Die Art der Accessoires hängt von dem gewünschten Stil ab so wie von der Komposition der Pflanzen und Gestaltung der Wege und der gepflasterten Bereiche.

ACCESSOIRES
Tips voor het inrichten van de tuin

Om de sfeer in de tuin compleet te maken bestaat de mogelijkheid om kleine decoratieve details aan te brengen die charme toevoegen en helpen om de buitenruimte te personaliseren. Het soort accessoires hangt af van de gewenste stijl en van de uiteindelijke compositie na het uitkiezen van de planten en het ontwerpen van de paden en steenzones.

< © KETTAL

491

Planter boxes or wooden planters bring warmth to your garden. They need to be painted with waterproof paint because they can rot.

Les jardinières ou les grands pots en bois apporteront une certaine chaleur à votre jardin. Ils doivent être recouverts d'un vernis imperméabilisant pour éviter de pourrir.

Blumenkästen oder Kübel aus Holz bringen Wärme in den Garten. Sie brauchen einen wasserdichten Lack, sonst faulen sie.

Houten bloembakken geven uw tuin een warme sfeer. Ze moeten wel worden behandeld met een waterafstotende lak omdat ze anders verrotten.

© Raimund Koch

492

The most durable and elegant material is stone. Stone flowerpots look well in a rustic atmosphere.

Le matériau le plus durable et majestueux est la pierre. Les pots fabriqués dans ce matériau font très bon effet dans un cadre rustique.

Das dauerhafteste und herrschaftlichste Material ist Stein. Die Blumenschalen aus diesem Material sehen in einer ländlichen Umgebung sehr gut aus.

Het duurzaamste en voornaamste materiaal is steen. Bloempotten van dit materiaal staan prima in een landelijke entourage.

© Jordi Miralles

493

Decorating the garden is a simple task, as long as you have an idea of what you want to do.

Décorer le jardin est un travail qui peut être simple, à condition d'avoir une idée de ce que l'on souhaite faire et des efforts que l'on est prêt à consentir.

Die Dekoration de Gartens kann eine einfache Aufgabe sein, vorausgesetzt, dass man eine Vorstellung von dem hat, was man will und wie viel Aufwand man treiben kann.

Het decoreren van de tuin is een taak die eenvoudig kan zijn, mits men een idee heeft van wat men wil en hoeveel inspanning men bereid is te leveren.

494

Clay pots dry out very quickly in warm climates. This type of pot is suitable for cacti.

Les pots en argiles s'assèchent très rapidement dans les climats chauds. Les cactus et autres crassulacées apprécieront ce type de pot.

Blumentöpfe aus Ton trocknen in warmen Klimazonen sehr schnell. Kakteen und andere Sukkulenten sind dankbar für diese Art von Blumentopf.

Aardewerken bloempotten drogen snel in warme klimaten. Cactussen en andere vetplanten doen het goed in dit soort bloempotten.

495

Plastic or resin pots are resistant and economical. As they are not porous such as clay pots, they are ideal for plants that need constant moisture.

Les pots en plastique ou en résine sont résistants et bon marché. Non poreux contrairement à l'argile, ces pots sont idéals pour les plantes qui ont besoin d'une humidité permanente.

Töpfe aus Plastik oder Harz sind widerstandsfähig und billig. Da sie nicht porös sind wie Ton, sind sie für Pflanzen, die konstante Feuchtigkeit brauchen, ideal.

Plastic of kunsthars bloempotten zijn resistent en betaalbaar. Aangezien ze, in tegenstelling tot die van aardewerk, niet poreus zijn, zijn ze ideaal voor planten die voortdurend vocht nodig hebben.

© GALERIA JOAN GASPAR

496

Terracotta pots are very attractive and the material is very natural.

Les pots en terre cuite, matériau très naturel, sont très esthétiques.

Blumentöpfe aus Terrakotta sind sehr ästhetisch und das Material ist sehr natürlich.

Terracotta bloempotten zijn esthetisch verantwoord en het materiaal is natuurlijk.

© ROCHE BOBOIS

497

Plants are the main features and they should be arranged so that their flowers can be appreciated.

Les acteurs principaux sont les plantes qui doivent être placées de manière à en apprécier la floraison.

Die Hauptrolle spielen die Pflanzen, die so verteilt werden müssen, dass man ihre Blüten bewundern kann.

Planten spelen hierin de hoofdrol. Deze moet u zo neerzetten dat u van de bloei kan genieten.

498

When you buy a flowerpot, take into the consideration the size of the plant.

Lorsque vous achetez un pot, prenez en compte la taille de la plante.

Kaufen Sie Blumentöpfe, die der Größe der Pflanze entsprechen.

Koop de bloempot afhankelijk van de grootte van de plant.

499

If you want to make your flowerpots look older, paint them with plain yogurt. The external walls will soon be covered with moss and algae.

Si vous souhaitez vieillir vos pots en donnant l'impression qu'ils ont quelques années, vous pouvez les peindre avec du yaourt naturel. Les parois externes se couvriront rapidement de mousse et d'algues.

Wenn Sie Ihre Blumenschalen so aussehen lassen möchten, als wären sie schon Jahre alt, können Sie sie mit Nauturjoghurt bestreichen. Die Außenwände überziehen sich in kurzer Zeit mit Moos und Algen.

Wit u uw bloempotten oud laten lijken, dan kunt u ze met natuurlijke yoghurt bestrijken. De buitenkant zal kort daarna met mos en algen worden bedekt.

500

Once painted with yogurt, keep the flowerpot in the shade in a moist area. This procedure is best done before planting because it could harm the plant.

Après avoir appliqué la couche de yaourt, mettez le pot à l'ombre dans un espace humide. Mieux vaut réaliser cette opération avant de planter au risque d'abîmer la plante.

Nachdem sie mit Joghurt bestrichen wurden, halten Sie die Blumenschalen im Schatten an einem feuchten Platz. Es ist besser, dieses Verfahren vor dem Bepflanzen anzuwenden, da es die Pflanze schädigen könnte.

Zet de bloempot, nadat u hem met yoghurt heeft ingestreken, in schaduw op een vochtige plaats. Het is het beste om deze procedure te volgen vóór het planten, aangezien het schadelijk kan zijn voor de plant.
